KB105764

스토아 철학의 역설

정암고전총서 키케로 전집

스토아 철학의 역설

키케로

이기백 옮김

아카넷

‘정암고전총서’를 펴내며

그리스 · 로마 고전은 서양 지성사의 뿌리이며 지혜의 보고이다. 그러나 이를 한국어로 직접 읽고 검토할 수 있는 원전 번역은 여전히 드물다. 이런 탓에 우리는 서양 사람들의 해석을 수동적으로 수용하는 처지를 완전히 극복하지 못하고 있다. 사상의 수입은 있지만 우리 자신의 사유는 결여된 불균형의 문제를 안고 있는 것이다. 이런 상황은 우리의 삶과 현실을 서양의 문화유산과 연관 지어 사색하고자 할 때 특히 심각한 문제를 야기한다. 우리 자신이 부닥친 문제를 자기 사유 없이 남의 사유를 통해 이해하거나 해결하는 것은 거의 불가능하기 때문이다. 우리의 문제에 대한 인문학적 대안들이 때로는 현실을 적확하게 꼬집지 못하는 공허한 메아리로 들리는 것도 그런 이유 때문일 것이다.

한 공동체에서 살아가는 사람들이 자신들의 생각과 말을 나누며 함께 고민하는 문제와 만날 때 인문학은 진정한 울림이 있는 메아리가 될 수 있다. 이것은 우리가 우리의 현실을 함께 고민하는 문제의식을 공유함으로써 가능하겠지만, 그조차도 함께 사유할 수 있는 텍스트가 없다면 요원한 일일 것이다. 사유를 공유할 텍스트가 없을 때는 삶과 말과 함이 분열될 위험에 노출될 수 있기 때문이다. 이런 점에서 진정한 인문학적 탐색은 삶의 현실이라는 텍스트, 그리고 생각을 나눌 수 있는 문헌 텍스트와 만나는 이중의 노력에 의해 가능할 것이다.

현재 한국의 인문학적 상황은 기묘한 이중성을 보이고 있다. 대학 강단의 인문학은 시들어 가고 있는 반면 대중 사회의 인문학은 뜨거운 열풍이 불어 마치 중흥기를 맞이한 듯하다. 그러나 현재의 대중 인문학은 비판적으로 사유하는 인문학이 되지 못하고 자신의 삶을 합리화하는 도구로 전락하는 경향이 없지 않다. 사유 없는 인문학은 대중의 욕망을 충족시키기 위해 소비되는 상품에 지나지 않는다. '정암고전총서' 기획은 이와 같은 한계상황을 극복할 수 있는 기본적인 토대를 마련하고자 하는 절실한 문제의식에서 시작되었다.

정암학당은 철학과 문학을 아우르는 서양 고전 문헌의 연구와 번역을 목표로 2000년 임의 학술 단체로 출범하였다. 그리고 그 첫 열매로 서양 고전 철학의 시원이라 할 『소크라테스 이전 철학자들의 단편 선집』을 2005년도에 펴냈다. 2008년에는 비영리 공익법인의 자격을 갖는 공적인 학술 단체의 면모를 갖추고 플라톤 원전 번역을 완결할 목표 아래 지금까지 20여 종에 이르는 플라톤 번역서를 내놓고 있다. 이제 '플라톤 전집' 완간을 눈앞에 두고 있는 시점에 정암학당은 지금까지의 시행착오를 밑거름 삼아 그리스 · 로마의 문사철 고전 문헌을 한국어로 옮기는 고전 번역 운동을 본격적으로 펼치려 한다.

정암학당의 번역 작업은 철저한 연구에 기반한 번역이 되도록 하기 위해 처음부터 공동 독회와 토론을 통해 이루어진다. 번역 초고를 여러 번에 걸쳐 교열 · 비평하는 공동 독회 세미나를 수행하여 이를 기초로 옮긴이가 최종 수정하는 방식으로 진행된다. 이같이 공동 독회를 통해 번역서를 출간하는 방식은 서양에서도 유래를 찾기 어려운 번역 시스템이다. 공동 독회를 통한 번역은 매우 더디고 고통스러운 작업이지만, 우리는 이 같은 체계적인 비평의 과정을 거칠 때 믿고 읽을 수 있는 텍스트가 탄생할 수 있다고 확신한다. 이런 번역 시스템 때문에 모든 '정암고전총서'에는 공동 윤독자를 병기하기로 한다. 그러나 윤독자들의 비판을 수용할지 여부는 결국 옮긴이가 결정한다는 점에서 번역의 최종 책임은 어디까지나 옮긴이에게 있다. 따라서 공동 윤독에 의한 비판의 과정을 거치되 옮긴이들의 창조적 연구 역량이 자유롭게 발휘될 수 있도록 노력하였다.

정암학당은 앞으로 세부 전공 연구자들이 각각의 연구팀을 이루어 연구와 번역을 병행함으로써 아리스토텔레스 철학 원전, 키케로 전집, 헬레니즘 선집 등의 번역본을 출간할 계획이다. 그리고 이렇게 출간될 번역본에 대한 대중 강연을 마련하여 시민들과 함께 호흡할 수 있는 장을 열어 나갈 것이다. 공익법인인 정암학당은 전적으로 회원들의 후원으로 유지된다는 점에서 '정암고전총서'는 연구자들의 의지뿐만 아니라 시민들의 소중한 뜻이 모여 세상 밖에 나올 수 있는 셈이다. 이런 점에서 '정암고전총서'가 일종의 고전 번역 운동으로 자리매김되길 기대한다.

'정암고전총서'를 시작하는 이 시점에 두려운 마음이 없지 않으나, 이런 노력이 서양 고전 연구의 디딤돌이 될 것이라는 희망, 그리고 새로운 독자들과 만나 새로운 사유의 향연이 펼쳐질 수 있으리라는 기대감 또한 적지 않다. 어려운 출판 여건에도 '정암고전총서' 출간의 큰 결단을 내린 아카넷 김정호 대표에게 경의와 감사의 뜻을 전한다. 끝으로 정암학당의 기틀을 마련했을 뿐만 아니라 앎과 실천이 일치된 삶의 본을 보여 주신 이정호 선생님께 존경의 마음을 표한다. 그 큰 뜻이 이어질 수 있도록 앞으로도 치열한 연구와 좋은 번역을 내놓는 노력을 다할 것이다.

2018년 11월

정암학당 연구자 일동

'정암고전총서 키케로 전집'을 펴내며

"철학 없이는 우리가 찾는 연설가를 키워낼 수 없다(Sine philosophia non posse effici quem quaerimus eloquentem)."(『연설가』 4.14)

키케로가 생각한 이상적 연설가는 철학적 사유가 뒷받침된 연설가이다. 정암학당 키케로 연구 번역팀의 문제의식 역시 여기서 출발한다. 당파를 지키고 정적을 공격하는 수많은 연설문, 연설문 작성의 방법론을 논하는 수사학적 저술, 개인적 시각에서 당대 로마 사회를 증언하는 사적인 편지 등 로마 공화정 말기를 기록한 가장 풍부한 문헌 자료들을 남긴 키케로를 전체적으로 이해하는 토대는 그의 철학 저술이다.

키케로의 철학 저술은 그의 모든 저술을 이해하는 벼리가 될 뿐만 아니라, 로마 문명이 희랍 철학을 주체적으로 수용하게 되는 계기를 제공했다는 점에서 중요한 철학사적 의의를 지닌다.

기원전 1세기 전후로 본격화된 희랍 철학자들과의 교류를 통해 회의주의 아카데미아 학파, 소요 학파, 스토아 학파, 에피쿠로스 학파, 견유 학파 등의 학설이 로마에 소개되고 정착되었으며, 그 과정에서 키케로는 당시 로마 사회의 지적인 요구와 실천적 관심을 반영한 철학책들을 라티움어로 저술했다. 그의 철학 저술은 희랍 철학이 로마라는 새로운 용광로에서 뒤섞이고 번역되어 재창조되는 과정을 생생하게 보여준다.

키케로의 철학 저술에 담긴 내용은 비단 철학에 국한되지 않는다. 정치가로서 탁월한 그의 역할에 비례하여 로마법에 대한 해박한 지식이, 로마 전통에 대한 자긍심과 희랍 문물을 로마에 소개하려는 열정에 의해 희랍과 로마 문학 작품의 주옥같은 구절들이 그의 저술 곳곳에 박혀 있다. 이에 정암학당 키케로 연구 번역팀은 고대 철학, 법학, 문학, 역사 전공자들이 한자리에 모여 함께 그의 작품을 연구하기 시작하였고, 이는 이미 10년을 훌쩍 넘겼다. 서로 다른 전공 분야의 이해와 어휘를 조율하는 어려움 속에서도 키케로 강독은 해를 거듭하면서 점차 규모와 체계를 갖추게 되었다. 번역어 색인과 인명 색인이 쌓였고, 미술사를 포함한 인접 학문과의 연계와 접점도 확대되었으며, 이제 키케로의 철학 저술을 출발점으로 삼아, 정암고전총서 키케로 전집을 선보인다.

키케로 전집 출간이라는 이 과감한 도전은 2019년 한국연구재단의 연구소 지원사업을 통해 획기적으로 진척되었으며, 2020년 이탈리아 토리노 대학 인문학부와의 협약으로 키케로 저술과 관련된 문헌 자료 지원을 받게 되었다. 이 두 기관은 정암고전총서 키케로 번역 전집을 출간하는 데 큰 도움을 주었다. 그러나 이 도전과 성과는 희랍 로마 고전 번역의 토대가 되도록 정암학당의 터를 닦은 이정호 선생님, 이 토대를 같이 다져주신 원로 선생님들, 20년에 걸친 플라톤 번역의 고된 여정을 마다하지 않은 정암학당 선배 연구원들, 그리고 서양 고대 철학에 대한 애정과 연구자들에 대한 호의로 정암학당을 아껴주신 후원자들, 흔쾌히 학술출판을 맡아준 아카넷 출판사가 없었다면 불가능했을 것이다. 학문 공동체의 면모가 더욱 단단해지는 가운데 우리는 내일 더 큰 파도를 타리라.

2021년 9월

정암고전총서 키케로 전집 번역자 일동

차례

작품 내용 구분

도입부(1~5절)

첫째 역설: 오직 훌륭한 것만이 좋은 것이다.(6~15절)

둘째 역설: 덕은 행복을 위해 자족적인 것이다.(16~19절)

셋째 역설: 죄들도 동등하고 올바른 행위들도 동등하다.(20~26절)

넷째 역설: 어리석은 자는 모두 미쳐 있다.(27~32절)

다섯째 역설: 오직 현자만이 자유롭고, 모든 어리석은 자는 노예다.(33~41절)

여섯째 역설: 오직 현자만이 부자이다.(42~52절)

일러두기

- 번역은 Otto Plasberg의 *M. Tulli Ciceronis Paradoxa Stoicorum*(Teubner, 1908)을 기준 판본으로 삼았다.
- 대괄호는 원문에서 누락 부분을 나타낸 것이다.
- 다른 편집본을 따른 경우에는 각주에서 밝혔다.
- 고유 명사 이외의 외국어 단어나 어구 및 외국어 책 제목은 이탤릭체로 표기했다.
- 『스토아 철학의 역설』을 각주에서 간단히 『역설』이라고 썼다.

스토아 철학의 역설

도입부

1 브루투스여,[1] 나는 자네의 외삼촌인 카토[2]가 원로원에서 의견을 개진할 때, 법정이나 민회의 요즘 관행에 어울리지 않는

1 브루투스(Marcus Iunius Brutus, 기원전 85~42년)는 로마 공화정 말기의 정치인이며 율리우스 카이사르를 암살하는 데 중요한 역할을 한 것으로 알려진 인물이다. 키케로는 브루투스에게 이 작품, 즉 『역설』뿐 아니라 『브루투스』, 『최고 선악론』, 『투스쿨룸 대화』, 『신들의 본성에 관하여』, 『연설가론』 등의 철학적 저술들을 헌정했다. 브루투스도 여러 책을 키케로에게 헌정했을 것으로 추정되며, 그중 하나는 『덕에 관하여(*De Virtute*)』였다.(『최고 선악론』 1.8) 그는 다른 철학서로 『의무론(*Peri Kathēkontos*)』도 썼는데, 이것은 내용상 키케로의 『의무론(*De Officiis*)』과 매우 유사했을 것으로 추정된다.

2 카토(Marcus Porcius Cato Uticensis, 기원전 95~46년)는 로마 공화정 후기에 원로원 의원이었고, 저명한 연설가이자 스토아 철학의 추종자였다. 키케로

무거운 주제들[3]을 철학으로부터 끌어들이면서도 연설을 통해 그것들을 대중이 보기에도 인정할 만하게[4] 만드는 것을 종종 눈여겨보았네. **2** 이것은 자네나 나보다 그에게는 훨씬 더 대단한 일이네. 왜냐하면 유려한 연설을[5] 낳았고[6] 대중의 견해와 많이 다르지 않은 견해를 제시하는 저 철학[7]을 우리는 더 활용하지만, 내 생각에 카토는 완벽한 스토아주의자로서 이런 사람이

는 「무레나 변호 연설」에서 카토를 비롯한 스토아주의자들의 견해가 지닌 경직성을 비판하기도 했다. 카토는 공화정을 보존하기 위해 카이사르와 싸우다 타프수스 전투에서 패한 후 기원전 46년 4월 중순 자살을 했는데, 『역설』이 출판되었을 즈음이었을 것이다. 이 작품의 12절에서 언급된 카토(Marcus Porcius Cato, 기원전 234~149년)는 그의 증조부이며 '노 카토'로 불리는 반면, 그는 '소 카토'로 불린다.

3 '주제'로 옮긴 라틴어 *loci*(*locus*의 복수)는 3, 4절에도 나오는데 거기서는 '논변'으로서 이것은 그리스어 *topos*에 상응하는 용어이다. 이것을 Rackham(1942)과 Webb(1985)은 '논변(*arguments*)'으로 옮기지만, Molager(1971)은 '문제(*questions*)'로, Ronnick(1990)은 '개념(*concepts*)'으로 번역한다. 혹은 '주제(*subjects, topics*)'로 옮기는 이도 있다.(Lee, 25)

4 *probabile*(인정할 만한)는 신아카데미아 학파의 철학자인 카르네아데스(Karneadēs, 기원전 214/3~129/8년)가 사용한 그리스어인 *pithanon*(설득력 있는)에 대한 키케로의 번역어다.(Galli, 36)

5 '유려한 연설'은 *dicendi copia*를 번역한 것이다. 직역하면 '연설의 풍부함'이다. 신아카데미아 학파가 다채롭고 풍부한 수사적 장치를 활용해 연설을 했음을 나타내는 것이다.

6 '낳았고'로 옮긴 완료형인 *peperit*에 대해서는 논란이 있다. 격언적 완료(gnomic perfect)나 역사적 완료(historical perfect)로 여겨지기도 하는데, 과거에 행해진 일이 현재에도 영향을 미치고 있음을 드러내는 것으로 보인다.(Galli, 39)

7 신아카데미아 학파.

기 때문이네. 즉 그는 대중 사이에서 전혀 인정받지 못할 견해를 펼뿐더러, 전혀 수사적 장식을 추구하거나 논변을 길게 펼치지 않고, 마치 바늘로 찌르듯[8] 자잘한 질문들을 함으로써 자신의 입장을 입증하는[9] 학파에 속해 있기도 하기 때문이네.[10]

3 그런데 연설에 의해 인정할 만하게 만들 수 없을 만큼 터무니없는 견해도 없고, 수사에 의해[11] 빛나게 하고 이를테면 흠 없

8 '마치 바늘로 찌르듯'으로 옮긴 *quasi punctis*는 '마치 바늘구멍들처럼'으로 옮길 수도 있다. 일반적으로 *pinpricks*로 번역되는 *puncta*는 바늘구멍, 혹은 바늘로 찌름을 뜻하는 것으로 볼 수 있다. 『최고 선악론』 4.7에서 유사 맥락에서 *pungunt*란 동사표현이 나오는데, 구멍보다는 찌름의 의미로 이해될 수 있다. 이 점도 고려해서 '마치 바늘로 찌르듯'이란 번역을 택했다.

9 스토아 학파의 엄격한 논증 방식을 기술한 것이다. 이 학파에서는 논증을 삼단 논증의 형태로 펼치는데, 종종 전제와 결론은 상대방의 긍정이나 부정 답변을 유도하는 질문의 형태로 표현된다.(Lee, 27–28) 키케로는 『최고 선악론』 4.7에서도 바늘로 찌르는 듯한 질문을 통한 스토아 학파의 논증 방식을 언급하고, 그런 방식이 사람들을 설득시키지는 못한다고 본다. 이 책의 「부록」에 수록한 「도덕 서한」 87.11에서 키케로는 "이제 나는 덕과 관련해 우리 학파에서 나온 아직은 아주 적은 수의 추론(논증)들을 당신에게 전해주려 한다"고 말한다. 그는 질의응답의 과정을 보여주진 않지만 스토아 학파의 논증방식을 엿볼 수 있는 여러 삼단논증들을 제시하고 이에 대한 비판도 검토한다.

10 키케로는 스토아 학파가 논리학과 변증술에는 뛰어나지만 수사와 연설에는 형편없다고 여러 차례 말한다. 『브루투스』 118ff; 『연설가』 113ff; 『연설가론』 2.157–9, 3.65–7.

11 *oratione*는 '수사'로, 바로 앞 문장에 나오는 *dicendo*는 '연설'로 옮겼다. 현 맥락에서는 둘 다 '연설'로 옮겨도 내용상 상관없어 보일 수 있다. 하지만 5절에서는 이 두 단어가 결합된 *oratorium dicendi genus*(연설의 수사적 유형 혹은 수사적 연설 유형)라는 표현을 사용한다. 이는 때로 키케로가 의식적으로 두 용어를 다른 의미로 사용하고 있음을 보여주는 것이다. 2절과 3절에 세 차

게 하지 못할 만큼 거칠고 조야한 견해도 없네. 나는 이렇게 생각해서, 내가 언급한 저 사람보다 훨씬 더 과감한 시도를 했네. 카토는 의연함,[12] 자제력, 죽음, '덕의 온갖 가치', 불멸의 신들, 조국애에 관해서만 수사적 장치를 활용해서 스토아 학파의 방식으로 연설하곤 한 반면, 나는 스토아주의자들이 학원들[13]에서도 여가[14] 때도 거의 증명하지 못한 것들까지도 놀이 삼아[15] 자네를 위해 공통 논변 유형들[16]로 만들었으니 말이네. **4** 그것들

례 나오는 oratio는 '수사'로 옮기는 것이 적절한 반면, 4절과 6절에 나오는 *oratio*는 '연설'로 옮기는 것이 적절해 보인다.

12 '의연함'으로 옮긴 *magnitudo animi*는 그리스어 *megalopsychia*에 상응하는 용어이며 이 글의 16절에 다시 나온다. 거기서는 마르쿠스 레굴루스가 가진 덕으로 언급된다. '의연함'이란 번역어와 관련해서는 16절에 있는 각주 참고 바람.

13 '학원'으로 옮긴 *gymnasium*은 우선 '체력단련소'를 뜻하지만, 이곳에 젊은이들이 많이 모여들다 보니 철학자들이 거기서 철학을 가르치곤 했던 것으로 보인다. 그래서 그 용어가 철학 교육을 위한 학원의 의미도 갖게 된 것으로 여겨진다. Lee, 29; Galli, 51 참고.

14 여기서 '여가'란 철학자들이 탐구에 몰입할 수 있는 한가한 때를 가리킨다.

15 '놀이 삼아(*ludens*)'를 문자 그대로 보아 『역설』을 사소한 농담으로 여기려는 이도 있지만, 키케로가 자신이 엄격한 스토아 철학자가 아니라 아마추어 스토아 철학자임을 겸손하게 표현한 것일 수도 있다.(Ronnick, 105) 물론 그는 『역설』에서 스토아주의자들이 하지 못한 것들을 해낸다는 자신감을 드러내 보일 만큼 내적으로는 큰 자부심을 갖고 있다.

16 '공통 논변 유형들'로 옮긴 *communis locos*는 연설 주제의 성격에 따라 일반적으로 사용될 수 있는 수사적 논변 유형들을 뜻한다. 이 어구를 Racham(1942)은 *common form*으로, Webb(1985)은 *universal proofs*로, Molager(1971)은 *lieux communs*로, Ronnick은 *commonplaces*로 번역한다.

은 놀랄 만한 것들[17]이며 모두 사람의 견해에 반하는 것들—스토아주의자들 자신도 그것들을 '파라독사(*paradoxa*,[18] 역설)'라고 부른다네—이므로, 나는 그것들을 한낮의 빛에, 즉 광장에[19] 내놓고 인정받을 수 있게끔 얘기할 수 있는지, 아니면 학술적 연설과 대중적 연설은 별개의 것인지 시험해보고자 했네. 나는 이 논변들을 꽤 즐거운 마음으로 서술했네. 그들이 '파라독사'라고 부르는 것들은 특히 소크라테스적인 것들이고 정말 가장 참된 것들로 내게 보이기 때문이네.

5 그러니 요즘 이미 점점 짧아지고 있는 야밤에 작성한 이 소품을 받아주게. 더 긴 야간작업으로 작성한 저 작품[20]이 자네의 이름으로 출간된 바 있으니 말이네. 그리고 논의에서 논쟁적으로[21] 이야기되는 것들[22]을 내가 나의 이 수사적 연설 유형으로

17 '놀랄 만한 것'으로 옮긴 *admirabilia*는 그리스어 *paradoxa*(역설)의 라틴어 번역어이다. 키케로는 이 점을 『최고 선악론』 IV.74. 31–32에서 밝히고 있다.

18 바로 앞에 '……견해(의견)에 반하는(……*contra opinionem*)'에 상응하는 그리스어는 ……*para doxan*이고 이것이 한 단어로 표현된 것이 *paradoxon*(복수 *paradoxa*)이다.

19 '한낮의 빛에, 즉 광장에'는 3절에서의 '학원들에서도 여가 때도'와 대비되며, 전자는 대중적 연설과 연관되고, 후자는 학술적 연설과 연관된다.

20 키케로의 『브루투스』를 가리킨다. 이것은 기원전 48년 작품인 『역설』보다 2년 전 작품이다.

21 '논쟁적으로'는 키케로가 그리스어로 표기한 *thetikōs*의 역어이다. Webb, 41 참고.

22 철학적 논의들(*scholae*)에서 찬반 토론이 이루어지는 주제들을 뜻하고, '논쟁적으로'로 옮긴 그리스어 *thetikōs*는 찬반 토론의 방식을 나타내는 것으로 보

옮길 때, 자네는 내가 사용하곤 했던 연습의 유형을 맛보게 될 것이네. 하지만 내가 이 작품을 자네의 채무 목록에 넣으라고 요구하는 것은 결코 아니라네. 이것은 마치 페이디아스[23]의 저 미네르바[24]와 같이 성에 모셔질 수 있는 그런 것은 아니니까.[25] 그렇긴 하지만 분명 같은 공방에서 나온 것이긴 하네.[26]

인다.(Lee, xxiii–xxiv; Webb, 41 참고)

23 페이디아스(Pheidias, 기원전 480~430년)는 아테네의 아크로폴리스에 있는 아테네 여신상을 설계한 그리스의 조각가이다.

24 미네르바(Minerva)는 지혜와 전략적 전쟁, 정의, 법, 승리의 로마 여신이며, 마르스(Mars)와 같은 폭력의 후원자가 아니라 방어 전쟁의 후원자이다. 기원전 2세기부터 로마인들은 미네르바를 그리스의 아테네 여신과 동일시했다.

25 페르시아에 대한 승리를 기념해서 9미터쯤 되는 아테네 여신상이 아테네의 아크로폴리스에 있는 파르테논 신전 안에 세워졌다.

26 이번 저술이 소품이긴 하지만 이전의 큰 작품, 즉 『브루투스』를 쓴 연구실(공방)과 같은 곳에서 같은 사람이 쓴 것인 만큼 마찬가지로 가치 있는 작품으로 여겨주길 바라는 마음이 담겨 있는 것 같다.

첫째 역설

오직 훌륭한 것만이 좋은 것이다.

ὅτι μόνον τὸ καλὸν ἀγαθόν.

Quod honestum sit id solum bonum esse.

6 당신들 중 누군가가[27] 이 연설이 내 생각이 아니라 스토아주의자들의[28] 논의에서 유래된 것으로 여기지 않을까 염려됩니다. 하지만 나는 내 생각을 말할 것이고, 그토록 대단한 주제에 대해 이야기할 수 있는 것보다는 간결하게 말할 것입니다.

맹세코, 나는 결코 세상 사람들의 돈도, 으리으리한 저택도, 재물도, 권력도, 그들이 특히 얽매여 있는 저 쾌락도 좋은 것들이나 추구할 만한 것들에 속하지는 않는다고 생각합니다. 내가 아는 바로는 그들은 자신들에게 이런 것들이 넘쳐나더라도 그 넘치게 가진 것들을 몹시 탐하기 때문입니다. 욕구의 갈증은 결코 채워지지도 충족되지도 않으니까요. 그 소유자들은 그것들

27 1~5절은 브루투스에게 이야기하는 형식이지만, 6절 이후에는 때론 일반 독자를 상대로, 때론 키케로의 정적을 상대로 이야기하는 형식이다. 그에 따라 6절 이후에는 경어체를 사용했다.

28 4절에서 스토아주의자들이 '파라독사'라고 부르는 것들은 특히 소크라테스적인 것들이라는 언급이 있다는 점에서 여기서 *Stoicorum*(스토아주의자들의) 대신 *Socraticorum*(소크라테스 추종자들의)을 택한 편집자(Baiter et Kayser)도 있다.

의 증대에 대한 욕망뿐만 아니라 상실에 대한 두려움에 의해 고통을 겪습니다.

7 이 점에서 정말 나는 아주 자제력 있던 우리 선조들의 사려분별이 종종 아쉽습니다. 그들은 이 무력하고 변덕스러운 재산의 요소들을[29] 말로는 '좋은 것'이라고 불러야 한다고 생각하긴 했지만, 실제로는 매우 다르게 판단했습니다.[30] 좋은 것이 어떤 이에게 나쁜 것일 수 있겠습니까? 혹은 어떤 이가 좋은 것들을 넘치게 가진 상태에서 그 자신이 좋은 자가 아닐 수 있겠습니까?[31] 그런데 저런 온갖 것은 선량하지 않은 이들조차 소유하지만 선량한 이들에게는 결핍되어 있는[32] 그런 경우들을 우리는

29 앞의 6절에서 언급된 것들, 즉 세상 사람들이 좋은 것이라고 부르는 것들을 가리킨다. Rackham은 Bentley를 따라 *pecuniae membra*(돈 혹은 재산의 요소들)를 뺀다. 앞의 절에서 *pecuniae*는 인간이 소유하는 것들 중 하나인 '돈'의 의미로 한정해서 사용되었기 때문일 것이다. 또한 *pecuniae*를 더 넓게 '재산'을 뜻한다고 보더라도 6절에서 열거된 것들을 다 포괄하기 힘들기 때문일 것이다. 적어도 쾌락은 배제될 것이다. 하지만 키케로가 의도적으로 *pecuniae membra*를 써서 우선 쾌락 이외의 것들에 대해서만 논하고자 한 것으로 볼 수 있다. 쾌락에 대해서는 14절에서 추가적으로 논의된다.

30 원문의 어순에 따라 직역을 하면, "그들은 실제로 매우 다르게 판단했으면서도, 이 무력하고 변덕스런 것들을 '좋은 것'이라는 말로 불러야 한다고 생각했습니다"로, 혹은 "그들은 말로만 (……) 불러야 한다고 생각했습니다. 실제로는 아주 다르게 판단했기 때문입니다"로 옮길 수 있다.

31 이 문장에서부터 하나의 논증이 시작된다. 이 의문문은 내용상 부정적인 답을 기대하는 것이며 그 답이 대전제인 셈이고, 다음 문장은 소전제라 할 수 있다. *atqui*는 소전제를 도입하는 데 쓰이곤 한다.

32 '결핍되어 있다'는 의미를 갖는 *absint* 대신 Rackham처럼 *obsint*(해친다)로 보

봅니다.[33] **8** 그 때문에[34] 누구든 원하면 나를 비웃어도 되지만, 그럼에도 내가 보기에 참된 추론은 대중의 의견보다 강할 것이며, 누군가가 가축이나 가구를 잃었더라도 나는 그가 좋은 것들을 상실한 거라고 결코 말하지도 않을 것이며, 칠현인에 꼽힌다고 내가 믿고 있는 저 현자 비아스를 자주 칭송할 것입니다. 그는 적이 조국 프리에네를 점령해서, 다른 사람들이 달아나면서도 자신들의 많은 물건을 옮기고 있었을 때, 누군가로부터 그도 똑같이 하라는 권고를 받고서는 이렇게 말했습니다. "사실 나는 그렇게 하고 있는 겁니다. 나는 내 모든 것을 가지고 다니거든요." **9** 그는 우리가 좋은 것이라고 일컫기도 하는 운명의 이 장난감들이 자신의 것이라고는 생각조차 하지 않았습니다.

"그러면 무엇이 좋은 것입니까?"라고 누군가가 물을 것입니다. 만일 올바르고 훌륭하고 덕스럽게 행해지는 것이 잘 행해지는 것이라고 말하는 것이 옳다면, 올바르고 훌륭하고 덕스러운 것[35]만이 좋은 것이라고 나는 생각합니다.

는 이들도 있다.

33 여기까지 두 가지 전제가 제시된 셈이고, 이로부터 세상 사람들이 좋다고 하는 것들은 좋은 것이 아니라는 결론이 도출될 수 있다. 하지만 이 결론은 생략되어 있다.

34 '그 때문에'에서 '그'는 바로 앞 문장보다는 앞의 각주에서 말한 생략된 결론을 지시한다고 보는 것이 내용상 더 적절하다.

35 이것이 지시하는 것은 무엇일까? 덕 있는 행위일까, 덕(*virtus*)일까, 아니면 그 둘 다일까? 이와 관련해서는 「작품 안내」에서 살펴볼 것이다. 일단 분명

10 하지만 이런 문제들은 너무 냉정하게 논의하면 꽤 따분하게 여겨질 수 있습니다. 지나치게 미묘한 말로 논의되고 있는 듯이 보이는 이것들은 최고의 인물들의 삶과 행위에 의해서 조명되어야 합니다. 나는 당신들에게 묻습니다. 이토록 뛰어나게 이 국가를 창건해서 우리에게 물려준 사람들이 탐욕을 채우기 위해 돈에, 혹은 기쁨을 위해 풍광 좋은 곳에, 혹은 즐김을 위해 가구들에, 혹은 쾌락을 위해 연회에 신경을 썼을 것으로 보입니까? **11** 한 사람 한 사람 눈앞에 떠올려보십시오. 왕들 중 로물루스[36]부터 시작하길 원합니까? 국가의 해방 이후의 시점에서 바로 국가 해방자들부터 시작하길 원합니까? 로물루스는 어떤 계단을 통해 승천했습니까?[37] 세상 사람들이 좋은 것이라 부르는 것들을 통해서입니까, 아니면 그의 업적과 덕을 통해서입니까? 이건 어떻습니까? 우리는 누마 폼필리우스[38]의 점토 그릇들과 단지들[39]이 다른 이들[40]의 고사리 장식의 대접보다 불멸의 신들을 덜 기쁘게 했다고 생각합니까? 나머지 왕들은 언

한 것은 키케로는 「역설1」에서 세상 사람들이 좋은 것이라고 말하는 것들을 덕과 대비시켜 논하고, 덕만이 좋은 것임을 밝히고자 한다는 것이다.

36 로물루스(Romulus Mars)는 기원전 753년 로마를 건국하고 초대왕이 되었다.

37 로물루스는 왕으로 재위 중 실종이 되는데 퀴리누스라는 신이 되어 승천한 것으로 전해진다.

38 누마 폼필리우스는 로마의 2대 왕이며 그의 지혜와 경건으로 그리고 평화의 사랑으로 유명하고, 로마의 종교 의식을 확립한 것으로 추정된다.

39 제사 용기들을 가리키는 것으로 보인다.

급하지 않겠습니다. 오만왕 타르퀴니우스[41]를 제외하면 그들 모두가 서로 비등하기 때문입니다. **12** 브루투스[42]에게 조국을 해방하는 데 무엇을 했느냐고 누군가가 묻는다면, 마찬가지로 같은 계획에 참여한 나머지 사람들에게 무엇을 목표로 삼고 무엇을 추구했냐고 누군가가 묻는다면, 쾌락이나 부를, 혹은 요컨대 용감하고 대단한 사람의 의무 이외의 다른 무언가를 염두에 두었을 것으로 보이는 누군가가 있겠습니까? 무엇이 가이우스 무키우스가 자신의 안전에 대한 아무런 희망도 없는데도 포르센나를 살해하게끔 몰아갔습니까?[43] 무슨 힘이 코클레스[44]를 다리에서 적의 군대 전체에 홀로 대항하게 했습니까? 무슨 힘이

40 제사장들을 가리키는 듯하다.

41 오만왕 타르퀴니우스(Tarquinius Superbus)는 로마의 7대왕이자 마지막 왕이다.

42 브루투스(Lucius Iunius Brutus)는 기원전 509년 로마 공화정의 초대 집정관(Consul)이 되었다. 오만왕 타르퀴니우스의 아들인 섹스투스(Sextus Tarquinius)가 사촌인 콜라티누스(Collatinus)의 아내 루크레티아(Lucretia)를 능욕했고, 루크레티아는 남편에게 이 사실을 알린 후 자결한다. 이에 브루투스는 오만왕과 그의 가족을 축출하는 데 주동자 역할을 하고 기원전 509년 공화정을 세웠다.

43 포르센나(Lars Porsenna)는 에트루리아의 도시 중 하나인 클루시움(Clusium)의 왕으로, 오만왕 타르퀴니우스를 복권시키기 위해 로마를 공격했다. 이때 청년 무키우스(Gaius Mucius Scaevola)는 포르센나를 암살하려고 했으나 그의 서기를 왕으로 오인해서 죽이게 되었다. 그래서 재판을 받게 되었는데 그는 로마인들이 고통을 얼마나 하찮게 여기는지를 보이기 위해서 자신의 오른손을 화로에 집어넣었다. 포르센나는 그의 용맹을 인정해 그를 풀어주었다고 한다.

아버지 데키우스나 아들 데키우스[45]로 하여금 목숨을 바치는 의식[46]을 치르고 무장한 적의 군대를 향해 돌진하게 만들었습니까? 가이우스 파브리키우스[47]의 자제력은, 마니우스 쿠리우스[48]의 생활방식에 담긴 청빈함은 무엇을 추구한 것입니까? 카르타고 전쟁의 두 보루, 자신들의 몸으로 카르타고인들의 접근을 막

44 포르센나가 로마를 공격할 때 코클레스(Horatius Cocles)가 수블리키우스 다리를 지켜 로마인들이 이 다리를 끊을 시간을 벌게했다고 한다.

45 아버지 데키우스(Publius Decius Mus)는 기원전 340년 라티움군에 맞서 승리를 쟁취하기 위해 전투에서 목숨을 바쳤다. 그의 아들도 기원전 295년 센티눔에서 삼니움인들과 갈리아인들에 맞선 전투에서 그의 아버지의 숭고한 공적을 이어갔다고 전해진다. 『리비우스 로마사』 8.9, 10.28과 키케로의 『예언에 관하여』 1.51.

46 이 의식을 데보티오(*devotio*)라고 하는데, 데키우스는 자신과 적군을 대지의 신 텔루스(Tellus)와 지하의 신들인 디 마네스(Di Manes)에게 바치겠다고 맹세했다고 한다. 패할 위험이 있는 상황에서 로마 장군은 이런 유의 의식들을 치르고 말을 타고 자발적으로 죽을 각오를 하고 적진의 한복판으로 돌진하곤 했던 것으로 보인다. *Oxford Classical Dictionary*, 460 참고.

47 파브리키우스(Gaius Fabricius Luscinus)는 퓌로스 전쟁(기원전 280~275년)에서 포로 문제로 그리스의 왕 퓌로스(Pyrrhos, 기원전 319/318~272년)와 협상을 하는데 왕국의 4분의 1에 해당하는 재산을 주겠다는 퓌로스의 제안을 단호히 거부했다고 한다. 그리고 퓌로스의 주치의가 파브리키우스에게 와서 적합한 보상을 해주면 퓌로스를 독살하겠다고 했지만 오히려 그를 결박해서 퓌로스에게 돌려보냈고, 퓌로스는 태양을 궤도에서 이탈시키는 것보다 파브리키우스를 그의 유덕함(*honestas*)에서 이탈하게 하는 것이 더 어려운 일이라고 했다고 한다.(Eutropius, 2.12, 2.14)

48 쿠리우스(Manius Curius Dentatus)는 파브리키우스처럼 검소하고 타락하지 않는 성품을 지닌 사람으로 알려진다. 삼니움족이 큰 뇌물을 주려하자 "나는 황금을 갖기보다 오히려 황금을 가진 자들을 다스리고 싶다"고, 혹은 "나는 전쟁에서 패할 수도 돈으로 타락할 수도 없다"고 말한 것으로 전해진다.

아내야 한다고 생각한 그나이우스 스키피오와 푸블리우스 스키피오[49]는 무엇을 추구한 것입니까? 노 아프리카누스는? 소 아프리카누스는?[50] 이들의 연령대 사이에 있는 카토[51]는? 그 밖에 무수히 많은 이들은?—우리는 국내에 본보기들을 넘치게 갖고 있으니까요—실상 그들은 찬양받을 만하고 영예로운 것 말고 다른 어떤 것이 삶에서 추구할 만하다고 생각했을 것으로 보

49 형 스키피오(Gnaeus Cornelius Scipio Calvus)와 동생 스키피오(Publius Cornelius Scipio)는 제2차 카르타고 전쟁(포에니 전쟁) 당시 히스파니아에서 한니발의 동생 하스드루발 바르카의 카르타고군과 싸워 전선에 묶어 두는 데 공을 세웠다. 그러나 기원전 211년 베이티스강에서 동생이 전사하고 곧이어 그나이우스도 전사했다.

50 노 아프리카누스(Publius Cornelius Scipio Africanus, 기원전 236~183년)는 기원전 202년 아프리카의 자마 전투에서 한니발의 군대를 격파하여 제2차 카르타고 전쟁을 종식시키고 '아프리카누스'란 칭호를 얻었다. 그런가 하면 소 아프리카누스(Scipio Aemilianus, 기원전 185~129년)는 할아버지인 아프리카누스처럼 제3차 카르타고 전투에서 로마군의 사령관이 되어 기원전 147년 카르타고를 멸망시켰고, 그 공으로 '소 아프리카누스'란 칭호를 얻었다.

51 카토(Marcus Porcius Cato, 기원전 234~149년)는 '감찰관 카토' 혹은 '노 카토'로 불린다. 기원전 184년 감찰관(Censor)으로 선출되어 로마의 조상 전례의 관습을 구하려고 반(反) 헬레니즘적 입장을 취하고 스키피오 아프리카누스를 탄핵했으며, 그 후 정무관직을 이용해서 기원전 189년부터 기원전 149년까지 40년 동안 부정한 자들을 추방했다. 기원전 149년에는 원로원 의원인 그의 제창으로 카르타고를 완전히 파멸시키기로 결정해 제3차 포에니 전쟁이 발발했고, 얼마 후 85세로 생애를 마쳤다. 키케로는 「무레나 변호 연설」(31.66)에서 소 카토에게 "모든 인간사를 고려해보았을 때, 당신의 증조부 카토보다 더 친절하고 사교적이고, 더 온화한 사람을 생각할 수 있습니까?"라고 물으며 노 카토의 온화함을 치켜세운다.

입니까? **13** 혹 그렇다면 이 연설과 견해를 비웃는 저자들[52]을 불러내, 이제 그들 스스로 판정하게끔 해보십시오. 상아와 황금으로 번쩍이는 대리석 저택, 조각상들, 그림들, 세공된 금과 은, 그리고 코린토스산 예술품들을 넘치게 가진 자들 중 누군가를 닮는 쪽을 택할지, 아니면 그중 어떤 것도 가지지 않고 가지려 하지도 않았던 가이우스 파브리키우스를 닮는 쪽을 택할지 말입니다.

14 분명 그들은 때론 이곳으로 때론 저곳으로 옮겨가는 이것들이 좋은 것들에 속하지 않는다는 것을 쉽게 인정하곤 하지만, 쾌락이 최고선이라는 주장은 확고하게 고수하고 공들여 옹호합니다. 적어도 이 말은 내게 인간들의 소리가 아니라 가축들의 소리로 여겨집니다.[53] 신, 혹은 말하자면 만물의 어머니인 자연이 가장 뛰어나고 가장 신적인 것인 영혼을 당신에게 부여했음에도 불구하고, 당신은 자신과 네발 달린 짐승 사이에 아무런 차이도 없다고 생각할 만큼 그토록 자신을 비하하고 천하게 만

52 에피쿠로스주의자들을 가리킨다.

53 키케로는 에피쿠로스주의자들의 주장을 짐승들의 소리라고 비판하는데, 아리스토텔레스도 『니코마코스 윤리학』에서 좋음과 행복을 쾌락으로 여기고 쾌락을 추구하는 향락적인 삶을 '짐승의 삶'이라고 보았다.(1.5, 1195b15–22) 더 나아가 플라톤도 『필레보스』에서 쾌락을 모든 소와 말 그리고 그 밖의 모든 짐승이 추구하는 것으로 보고, "대중은 짐승들을 믿고서, 쾌락들이 우리가 잘 삶에 있어 최고선이라고 판단한다"(67b)고 비판적으로 언급한 바 있다.

들 것입니까? 소유하고 있는 자를 더 좋게 만들지 못하는 어떤 것이 좋은 것이겠습니까? **15** 왜냐하면 각자가 좋음에 관여하면 할수록 그만큼 그는 찬양받을 만하고, 소유하고 있는 자가 훌륭하게 자랑할 수 없는 좋은 것은 없기 때문입니다.[54] 그런데 이 것들[55] 중 어느 것이 쾌락에 속합니까? 쾌락이 사람을 더 좋거나 더 찬양받을 만하게 만듭니까? 혹은 누가 쾌락의 획득을 자랑하고 널리 알림으로써 자신을 드높입니까? 그렇지만 만일 다중의 비호 하에 옹호되는 쾌락이 좋은 것들에 속하는 것으로 생각되어서는 안 되고, 그것이 크면 클수록 그만큼 정신을 그것의 자리와 지위에서 쫓아낸다면, 분명 행복하게 잘 사는 것은 다름 아니라 훌륭하고 올바르게 사는 것입니다.[56]

54 좋은 것은 그것의 소유자가 훌륭하게 자랑할 수 있는 것이라는 얘기다.

55 바로 앞에서 언급된 두 가지, 즉 소유자를 찬양받을 만하게 만드는 것과 소유자가 훌륭하게 자랑할 수 있는 것을 가리킨다.

56 결론적인 한마디가 생략되었다고 볼 수 있다. 즉 "따라서 훌륭하고 올바른 것만이 좋은 것이다"라는 언급을 추가할 수 있을 것이다.

둘째 역설

덕은 행복을 위해 자족적인 것이다.

ὅτι αὐτάρκης ἡ ἀρετὴ πρὸς εὐδαιμονίαν.

In quo virtus sit, ei nihil deesse ad beate vivendum.[57]

16 진정 나는 마르쿠스 레굴루스[58]가 비참하거나 불운하거나 불행하다고 생각한 적이 없습니다. 그의 의연함[59]은 카르타고인들의 고문에 의해 흔들리지 않고,[60] 그의 진중함도, 신의도, 항

57 라틴어 제목은 다음과 같이 옮길 수 있다. 즉 "덕 있는 자에게는 행복하게 사는 데 부족한 것이 없다."

58 레굴루스(Marcus Atilius Regulus)는 제1차 카르타고 전쟁(포에니 전쟁)에 장군으로 참전해서 큰 전과들을 올리기도 했으나, 기원전 255년 튀네스에서 패배하고 카르타고에 포로로 잡혔다. 하지만 평화조약과 포로교환 협상 문제로 가석방되어 로마로 갔는데 원로원에 강화조약 제안을 거부하라고 간청했고 로마인들의 만류에도 불구하고 가석방 조건에 따라 카르타고로 되돌아갔다. 거기서 그는 고문을 받다가 죽었다고 전해지는데 확실한 근거가 있는 것은 아니다. 그는 사후에 시민의 덕과 관련해 귀감이 되었다.

59 '의연함'의 라틴어 어구는 *magnitudo animi*이다. 이것은 그리스어 *megalopsychia*에 상응하는 것으로 볼 수 있는데, 아리스토텔레스의 『니코마코스 윤리학』 IV.3에서 사용된 의미('포부의 큼')와는 다른 의미를 갖는다. *magnitudo animi*는 키케로의 『투스쿨룸 대화』 I.2, 64, 71, 95, II.43, III.15, IV.61에도 나온다. 키케로의 『의무론』 I.61–92에서도 나오는데, 여기서는 *magnitudo animi*가 *fortitudo*(굳건함, 용기)와 *patientia*(인내)로 이루어진 것으로 정의된다.(Galli, 133쪽) 특히 이 점은 고문에도 흔들리지 않는 성품을 잘 나타낸다고 보고, 굳건함과 인내를 두루 함축할 수 있는 번역어로 '의연함'을 택했다.

60 원문을 직역하면 "그의 의연함은 카르타고인들에 의해 고문을 당하지 않고"로 옮길 수 있다. 키케로는 몸은 고문을 당하지만, 영혼의 덕은 고문을 당할

심도, 어떤 덕도, 결국 그의 영혼 자체도 그러했습니다. 그만큼의 덕들이 그토록 영혼을 보호하고 수행해서, 비록 그의 몸은 사로잡혔을지라도 분명 영혼은 사로잡힐 수 없었으니 말입니다. 사실 우리는 가이우스 마리우스[61]를 보았습니다. 내 생각에 그는 순탄한 환경 속에서는 행운아들 중 한 사람이었고, 역경 속에서는 아주 위대한 인물들 중 한 사람이었습니다. 필멸하는 자에게 이보다 더한 행복은 전혀 있을 수 없습니다.[62]

17 미쳐 있는 자여,[63] 당신은 모릅니다. 덕이 얼마나 큰 힘을 갖고 있는지 모릅니다. 당신은 덕이라는 그 이름은 사용하지만 덕 자체가 얼마나 큰 영향력이 있는지 알지 못합니다. 전적으로

수 없음을 말하고자 한 것으로 보인다. 그리고 영혼의 덕이 고문을 당하지 않는다는 것은 고문에 의해 흔들리지 않는다는 말일 것이다.

61 마리우스(Gaius Marius, 기원전 157~86년)는 평민이고 대단한 배경이 있었던 것도 아니지만 일곱 번이나 집정관을 역임했다. 그는 누미디아의 왕 유구르타와 로마 사이의 전쟁에서 그를 줄곧 패주시켰고 기원전 104년 전쟁을 승리로 끝냈고, 기원전 102년 테우토네스족을, 101년에는 킴브리족을 패배시켰으며, 이런 승리들을 가능하게 한 군사적 개혁으로 유명하다. 키케로는 그에 대한 대단한 찬미자였고 그를 기리는 시를 쓰기도 했다고 한다.

62 키케로는 덕이 있지만 고문으로 죽은 레굴루스에 대해 16절 모두에서 그가 비참하거나 불운하거나 불행하다고 생각하지는 않는다고 말한 데 비해, 마리우스는 덕이 있을뿐더러 더없이 행복한 사람이라고 평가한다. 그는 혹독한 고통을 겪은 레굴루스의 예만으로는 대중을 설득하는 데 한계가 있다고 여겨 마리우스의 예도 끌어들인 것으로 보인다.

63 미쳐 있는 자(광인)란 「역설 4」에서 언급되듯이 어리석은 자들을 가리키는 것이다. 거기서 키케로는 클로디우스(Publius Clodius Pulcher)를 미쳐 있는 자의 대표적인 예로 제시한다.

자신에게 의지하고 자신의 모든 것을 오직 자신에게만 맡기는 이는 누구라도 가장 행복하지 않을 수 없습니다. 반면 모든 희망과 추론과 생각이 운에 달려 있는 자에게는 확고한 어떤 것도 있을 수 없고, 그가 확신하는 어떤 것도 단 하루도 그에게 머물러 있지 않을 것입니다. 당신이 이런 사람과 만난다면, 그에게나 사형이나 추방형 따위의 위협으로 겁을 주도록 하십시오. 하지만 그다지 고마워할 줄 모르는 국가에서[64] 내게 어떤 일이 닥치든, 그 일이 벌어질 때 나로서는 반발하지 않을뿐더러 항변조차 하지 않을 것입니다. 정녕 운의 경박함도 정적들의 불의도 나를 뒤흔들 수 없는 그런 상태에 이르도록 내가 해내거나 성취한 것이 아무것도 없다면, 나는 무엇 때문에 애쓰거나 무엇 때문에 행하고, 혹은 무엇을 위해 근심과 고민으로 밤을 지새운 것이겠습니까? **18** 당신은 내가 모든 사람으로부터 떠나게 하기[65] 위해서 나를 사형으로 협박합니까? 아니면 불량한 사람들로부터 내가 떠나게 하기 위해서 추방형으로 협박합니까? 사형

64 키케로는 집정관으로 재임하던 기원전 63년에 카틸리나(Lucius Sergius Catilina)의 국가 반역 기도를 진압함으로써 국가를 구하는 공을 세워 원로원으로부터 '국부(*pater patriae*)'라는 호칭까지 얻었지만, 이 당시 반역 기도 연루자 일부를 재판 없이 처형하는 것을 그가 승인한 것이 화근이 된다. 이 일로 인해 그는 기원전 58년 클로디우스가 제정한 법률에 의해 추방자 신세가 된다.

65 키케로는 '죽는다'를 여러 차례 완곡어법으로 '떠난다(*demigrare*)'고 표현한다.

은 목숨을 잃음과 더불어 모든 것을 잃을 자들에게나 겁나는 것이지, 사라질 수 없는 찬양을 받는 자들에게는 겁나는 게 아닙니다. 다른 한편 추방형은 말하자면 거주지의 반경이 제한된 자들에게 겁나는 것이지, 세상 전체가 하나의 나라라고 여기는 자들에게는 겁나는 게 아닙니다. 그런가 하면 스스로 행복하고 번창하고 있다고 여기는 당신은 온갖 불행과 고난이 짓누릅니다. 당신의 욕망이 시달리고,[66] 당신은 밤낮으로 고역을 겪기 때문입니다. 당신은 자신에게 있는 것에 만족하지 못하고, 심지어 그것이 오래가지 않을까 봐 겁을 내고 있으니 말입니다. 그리고 당신의 잘못된 행위에 대한 의식[67]이 당신을 찔러대고, 재판과 법률에 대한 두려움은 당신의 진이 빠지게 합니다. 당신이 바라보는 그 어느 곳에서든, 당신이 자유롭게 숨 쉬는 것을 허용하지 않는 복수의 여신들[68]과도 같이 당신의 불의가 당신을 공격합니다.

66 "당신의 욕망이 시달리고"는 *tuae libidines torquentur*의 번역인데, 표현이 어색한 점이 있어 *tuae libidines te torquent*(당신의 욕망이 당신을 괴롭힌다)를 택하는 편집자들도 있다. "욕망이 시달린다"는 것은 『투스쿨룸 대화』 11.25에 나오는 "열광하는 쾌락과 욕망은 선에 대한 억견에 의해 격동한다"는 구절과 비교되곤 한다.

67 이런 '의식'은 40절에 나오는 '죄의식(*conscientia peccatorum*)'과 같은 것이라 보면 좋겠다.

68 복수의 여신들(Furiae)로는 알렉토(Alecto), 메가이라(Megaera), 티시포네(Tisiphone)가 있다.

19 이런 까닭에 불량하고 어리석고 나태한 어떤 사람도 잘 지낼 수 없듯이, 선하고 현명하고 용감한 어떤 사람도 불행할 수 없습니다. 진정, 찬양받아 마땅한 덕과 성품을 갖춘 사람의 삶이 찬양받지 않는 일이 있어서도 안 되고, 더욱이 찬양받아 마땅한 삶이 회피되어서도 안 됩니다. 하지만 그 삶이 불행한 삶이라면 회피해야 마땅할 것입니다. 따라서 찬양받을 만한 것이 무엇이든 그것 또한 행복하고 번창하는 것이고 추구할 만한 것이라고 여겨야 합니다.[69]

셋째 역설[70]

죄들도 동등하고 올바른 행위들도 동등하다.

ὅτι ἴσα τὰ ἁμαρτήματα καὶ τὰ κατορθώματα.

20 "그것은 사소한 일이다"라고 누군가는 말합니다. 하지만 그것은 큰 잘못입니다. 죄는 일의 결과가 아니라 행위자의 악덕

69 마지막 문장에서 중성 주어에 '행복하고 번창하는 것'이란 술어가 붙는 것은 아무래도 자연스럽지 않아 보인다. 이 표현뿐 아니라 19절에 담겨 있는 논증에 대한 분석도 필요한데, 이와 관련해서는 「작품 안내」 부분에서 다뤘다.

70 셋째 역설의 라틴어 제목이 빠져 있는데, 학자들이 일반적으로 지적하듯이, 그것은 『최고 선악론』 4.55에 있는 다음 구절로 채울 수 있을 것이다. *recte facta omnia aequalia, omnia peccata paria*.

에 의해 평가되어야 하기 때문입니다. 죄가 성립하는 사건은 하나가 다른 하나보다 더 크거나 더 작을 수 있지만,[71] 당신이 어떻게 돌려보든 그 죄 자체는 하나입니다. 키잡이가 금을 실은 배를 전복시키는지 여물을 실은 배를 전복시키는지는 실제로 얼마간 차이가 있지만, 키잡이의 미숙함에서는 아무런 차이가 없습니다. 누군가의 욕정이 출생 신분이 낮은 여인을 상대로 잘못을 범한 경우에, 출생 신분이 높은 귀족 처녀를 상대로 부정한 행위를 한 경우보다는 더 적은 사람들에게 분노가 확산되겠지만, 그렇다고 죄를 덜 저지른 것은 전혀 아닙니다. 진정, 죄를 저지르는 것은 마치 선을 넘는 것과 같기 때문이다. 일단 당신이 이 일을 하면[72] 잘못을 저지른 것입니다. 당신이 선을 넘고 나면 얼마나 멀리 나아가는지는 선을 넘어선 잘못을 커지게 하는 것과 전혀 관계가 없습니다. 죄를 저지르는 것은 분명 누구에게도 허용되지 않습니다. 그런데 허용되지 않는다는 점[73]은 오직 허용되지 않는다고 입증되기만 하면 유효합니다. 이 허용

71 죄가 성립하는 사건이란 이를테면 개인 집 절도와 신전 절도 등을 가리키는 것으로 보인다.

72 '선을 넘으면'을 뜻한다.

73 *Quod autem non licet*에서 *quod*를 선행사 *peccatum*이 포함된 관계대명사로 여겨 '허용되지 않는 것'으로 옮길 수도 있고, *quod*를 주어절을 이끄는 종속접속사로 여겨 '허용되지 않는다는 사실(점)'로 옮길 수도 있다. 그런데 *Quod* 절을 지시하는 *id*를 포함한 다음 문장을 보면, 후자로 보는 것이 적절하다.

되지 않음[74]이 결코 커질 수도 작아질 수도 없다면,[75] 죄는 허용되지 않는다는 점에 달려 있으므로 언제나 하나이고 동일한 그 점에서 생긴 죄들은 동등해야 합니다. **21** 그리고 덕들이 서로 동등하다면,[76] 악덕들도 동등하다는 것이 필연적입니다. 그런데 덕들이 동등하다는 것, 즉 좋은 사람보다 더 좋게 될 수도, 절제 있는 사람보다 더 절제 있게 될 수도, 용감한 사람보다 더 용감하게 될 수도, 현자보다 더 현명하게 될 수도 없다는 것은 매우 쉽게 알 수 있습니다.[77] 아니면 아무 목격자도 없는 상태에서 금을 맡아두어서 처벌받지 않고 이익을 볼 수 있을 때, 1만 폰두스[78]의 금이라면 되돌려주지 않았겠지만 10폰두스의 금이

74 원문의 *id*는 앞의 *quod* 절을 지시하므로 그냥 '이 점'이라고 옮길 수도 있겠으나 의미를 좀 더 분명히 하기 위해 '이 허용되지 않음'으로 옮겼다.

75 더 허용되지도 덜 허용되지도 않는다는 것을 뜻한다.

76 여기서 덕들이 서로 등등하다고 말했지만, 이상하게도 이어지는 설명은 덕들 서로 간의 관계에 대한 것이 아니다. 이 부자연스러움을 해소하려면 "덕들은 서로 동등하다"는 말의 의미를 넓게 이해할 필요가 있다. 즉 덕들은 서로 동등할 뿐 아니라 각각의 덕에 사람들이 관여하는 정도에 차이가 없다는 의미까지 포괄하는 것으로 볼 수 있다는 것이다.

77 『국가』 제1권에서 소크라테스는 스토아 학파가 참고했을 법한 견해를 편다. 즉 그는 정의로운 사람이 자기와 같은 사람, 즉 정의로운 사람에 대해서는 능가하려 하지 않는다고 한다.(349c) 이는 정의로운 사람은 또 다른 정의로운 사람보다 더 정의로울 수 없다는 것을 함축하는 것이다. 그는 전문적 지식이 있는 사람이 또 다른 어떤 전문가가 행해거나 말하는 바를 능가하는 선택을 하지 않고 같은 선택을 한다고 말하기도 하는데, 여기서 전문지식이 있는 사람은 지혜로운 사람이고, 지혜로운 사람은 좋은 사람이다.(350a–b) 그러니까 정의에 대한 설명은 지혜와 선에 대해서도 적용할 수 있다.

라면 되돌려주었을 자를 당신은 좋은 사람이라고 부르겠습니까? 혹은 어떤 욕정은 자제하지만 어떤 욕정은 방임하는 자를 당신은 절제 있는 사람이라 부르겠습니까? **22** 덕은 이성이나 한결같은 항심과 일치하는 것으로서 하나입니다. 덕에다 더 덕이 되게 할 어떤 것도 더할 수 없고,[79] 덕의 이름만 남도록 어떤 것도 뺄 수도 없습니다. 진정 만일 잘 행해진 것은 올바르게 행해진 것이고, 올바른 것보다 더 올바른 것이 없다면, 좋은 것보다 더 좋은 어떤 것도 발견될 수 없음이 확실하기 때문입니다. 그러므로 정말로 영혼의 비뚤어짐[80]이 악덕이라고 불리는 것이 옳다면, 악덕들도 동등하다는 귀결이 나옵니다. 그런데 덕들이 동등하므로, 올바르게 행해진 것들은 덕들에서 나오니까 동등

78 폰두스(*pondus*)는 무게의 단위다.

79 키케로는 『최고 선악론』 3.48에서 스토아 학파의 최고선에 관한 견해를 흥미롭게 전해준다. 이 학파에서는 어떤 사람이 다른 사람보다 더 지혜로울 수 있고, 마찬가지로 어떤 사람이 다른 사람보다 더 잘못 행하거나 더 올바르게 행할 수 있다는 견해를 부정한다. 그리고 물에 빠진 사람의 비유를 들고 있다. 물에 빠진 자는 물속 깊이 있을 때보다 수면에 가까이 있다고 해서 더 많이 숨을 쉴 수 있는 것이 아니듯, 덕의 획득에 어느 정도 진전을 본 사람이 전혀 진전을 보지 못한 사람보다 전혀 덜 불행할 것이 아니라고 한다. 이 예는 덕을 획득하지 못한 상태에서도 획득한 후에도 덕과 관련해 더나 덜이 성립하지 않는다는 것을 보여주는 것이다.

80 영혼의 타락이나 사악함과 같은 것을 '비뚤어짐', '뒤틀림', '구부러짐'을 뜻하는 *pravitas*로 표현한 것은 앞서 '올바른'이나 '곧은'을 뜻하는 *rectus*를 사용한 것과 대비된다. 영혼의 곧지 않고 비뚤어진 상태가 악덕이고 악덕들은 비뚤어짐의 정도와 상관없이 다 동등하게 악덕이라는 얘기를 하려는 것이다.

할 수밖에 없습니다. 마찬가지로 죄들도 악덕들에서 흘러나오니까 필연적으로 동등합니다.

23 누군가는 말합니다. "당신은 그런 견해들을 철학자들로부터 가져오는 거군요."[81] 나는 당신이 "뚜쟁이들로부터"라고 말하지나 않을까 두려웠습니다.[82] "소크라테스가 당신이 하는 식으로 논의하곤 했지요." 맹세코, 좋은 말씀입니다. 전해지는 이야기에 의하면 그는 식견 있고 지혜로운 사람이었으니까요. 하지만 나는 당신에게 묻습니다. 우리는 서로 주먹이 아니라 말로 다투고 있으니까요. 우리는[83] 무엇을 알아봐야 할까요? 짐꾼들과 일꾼들이 무엇을 생각하느냐일까요, 아니면 아주 식견 있는 사람들이 무엇을 생각하느냐일까요?[84] 특히나 이들의 생각보

81 20절에서도 가상의 논적인 '누군가'가 등장했는데, 여기서 다시 등장한다. 이 논적은 키케로의 이야기에 대해 비판적이다. 그가 앞의 논변들을 '철학자들'로부터 가져온 것이라고 말할 때 논변이 지나치게 철학적 혹은 학문적이라고 언짢아하는 것으로 볼 수 있다.

82 여기서 '뚜쟁이'는 '철학자'를 비하한 말로 쓰인 것이다. 이어서 다음 문장에서는 철학자 소크라테스가 언급된다. 이 둘을 처음 연관시켜 언급한 사람은 소크라테스였던 것 같다. 크세노폰의 『향연』 3.10과 4.56–64에서 소크라테스는 육체적 관계와는 다른 차원의 뚜쟁이 노릇을 하는 것을 자신의 일로 내세운다. 플라톤의 『테아이테토스』(149d–150a)에 의하면, 가장 훌륭한 아이들을 출산할 수 있게 남녀를 중매하는 일도 산파의 일인데, "부당하고 서툰 방식으로 남자와 여자를 짝지어주는" 뚜쟁이질 때문에 산파들이 자신들의 중매술까지 비난을 받을까 봐 중매술을 기피한다고 한다. 통상 뚜쟁이질은 매춘이나 남창을 알선하는 일을 뜻한다.

83 Rackham은 Plasberg 편집본의 *nobis* 대신 *de bonis*로 읽는다.

다 더 참될뿐더러 사람들의 삶에 더 쓸모 있는 어떤 것도 발견될 수는 없습니다. 이들이 생각한 것보다 사람들을 온갖 불량함으로부터 더 보호해주는 어떤 힘이 있겠습니까? 이들의 생각에 의하면, 죄악들에는 아무런 차이도 없고, 사인들에게 손을 대든 정무관들에게 손을 대든[85] 똑같이 죄를 저지르는 것이며, 어떤 집안에 능욕을 가하든 욕정의 오염은 똑같습니다.

24 누군가는 말할 겁니다. "그러면 아무런 차이가 없습니까? 어떤 사람이 그의 아버지를 죽이든 그의 노예를 죽이든 말입니다." 당신이 단순하게 이 경우들을 상정하면, 이것들이 어떤 경우들인지 쉽게 파악할 수 없습니다. 만일 아버지의 목숨을 빼앗는 것이 그 자체로 범죄라면, 자신의 부모들이 노예로 살기보다는 자유인으로 죽기를 바란 사군툼 사람들은 부모살해자들이었나요?[86] 그러니까 어떤 때는 부모의 목숨을 빼앗는 것도 범죄가 되지 않을 수 있고, 노예의 목숨을 빼앗는 것[87]도 종종 불의일 수 있습니다. 결국 행위의 성격이 아니라 동기가 이것들을 구분

84 철학적 논변을 언짢아하는 가상의 논적에게 그런 논변을 편 이유를 납득시키려고 묻는 것이다.

85 여기서 손을 댄다는 것은 폭력행사를 뜻한다.

86 기원전 219년도에 사군툼 사람들(Saguntini)은 8개월간 포위당한 상태로 한니발에 사력을 다해 저항했고, 그들 중 많은 사람들은 한니발에게 예속되기 전에 자신들뿐 아니라 친족들도 죽음에 이르게 했다고 한다.

87 로마의 노예 주인들은 노예들의 생사여탈권을 갖고 있었느나, 점차 이런 권한의 무차별적 사용에 반대하는 사회적 의식이 형성되었다.

해줍니다. 어느 한쪽에 동기가 더해짐으로써 그쪽이 더 무게가 나가게 되고, 만일 동기가 양쪽에 더해지면, 그것들은 필연적으로 동등하게 됩니다.[88]

25 하지만 이런 차이는 있습니다. 노예를 죽일 경우 그것이 불의라면 하나의 죄를 저지르는 것이지만 아버지의 목숨을 해치는 경우에는 여러 죄를 저지른다는 것이지요. 낳아준 분을, 길러준 분을, 가르쳐준 분을, 집과 가정과 국가에서 자리를 마련해준 분을 해치게 됩니다.[89] 친부살해는 죄의 수에서 두드러지고, 이 점에서 더 큰 처벌을 받을 만합니다. 그러나 우리는 삶에서 각각의 죄에 어떤 처벌이 있는지가 아니라, 각자에게는 얼마만큼 허용되는지[90]를 살펴봐야 합니다. 해선 안 되는 것은

88 키케로는 부모살해와 노예살해의 범죄 여부를 구분하는 일을 그것들을 저울에 올려놓고 계량을 하는 것에 비유하고 있다. 그 두 행위는 성격(*natura*)상 범죄라는 점에서 동등하지만, 정당한 동기(*causa*)가 어느 한쪽에 더해지면 그 쪽은 더 무게가 나가고 가치 있는 것이 되어 범죄가 정당화하고, 양쪽에 동기가 주어지면 양쪽이 다 가치 있고 행위가 되어 동등해지게 된다는 것이다. Lee, 56–57 참고.

89 이런 언급은 플라톤의 『크리톤』 51e–52a에서 의인화한 아테네 법률이 하는 연설을 떠올리게 한다. 그 연설에 의하면 "복종하지 않는 자는 누구든 세 가지 방식으로 정의롭지 못한 짓을 하는 것이라고 우리는 말한다. 그건 태어나게 해 준 우리에게 그가 복종하지 않기 때문이고, 양육받게 해준 우리에게 복종하지 않기 때문이며, 또한 우리에게 복종하기로 합의하고서 복종하지도 않고, 우리가 뭔가를 잘못하는 경우 우리를 설득하지도 않기 때문이오."

90 허용의 한도를 살피는 것이 중요하다는 것이다. 그 한도를 넘어서는 것은, 20절에서 언급되었듯이, '선을 넘는 것'과 같은 것이다.

범죄이고, 허용되지 않는 것은 불경이라고 생각해야 합니다.[91] "아주 사소한 일들에서도 그런가요?" 그렇습니다. 우리는 일들의 한도를 만들 수는 없어도 영혼들에는 한도를 조절할 수 있으니까요.[92] **26** 배우가 조금이라도 운율에 맞지 않게 움직이거나 시의 행 한 음절이라도 더 짧거나 더 길게 발음하면 야유받고 무대에서 내쫓깁니다. 배우의 어떤 몸짓보다 더 절도 있고 어떤 시 행보다 더 적절해야 하는 삶에서[93] 당신은 자신이 음절 하나 실수했을 뿐이라고 말할 것입니까? 나는 시인이 사소한 것들에서 저지른 실수들[94]에 대해 그의 말에는 귀 기울이지 않지만, 시민이 삶의 공동체에서 저지른 죄들에 대해 그것들을 손가락으로 재면서 "더 작아 보이면, 더 경미하게 여기도록 합시다"[95]라는 그의 말에는 귀 기울여야 하겠습니까? 그것들이 어찌 작아 보일 수 있겠습니까? 어떤 죄를 저지르든 죄를 저지르면 원칙과 질서가 흔들리고, 게다가 일단 원칙과 질서가 흔들리면, 어떤 것도 덧보태질 수 없을 만큼 큰 죄를 저지르는 것으로 보이

91 범죄(*scelus*)는 인간의 법들을 어기는 것이라면, 불경한 것(*nefas*)은 신의 법을 어기는 것이다.(Lee, 58)

92 사건들, 즉 우리에게 발생하는 외적인 일들을 우리는 조절할 수 없으나 우리의 마음이나 충동을 조절할 수는 있다는 점을 말하는 것이다.

93 Plasberg 편집본에서의 관계대명사 *quae* 대신, Rackham은 *qui*로 본다. *quae*는 *vita*를 선행사로 갖는 반면, *quis*는 *tu*를 선행사로 갖는다.

94 '실수'로 옮긴 *peccatum*은 맥락에 따라 '죄'로도 옮겼다.

95 Rackham은 의문문으로 본다.

니 말입니다.[96]

넷째 역설[97]

어리석은 자는 모두 미쳐 있다.[98]

ὅτι πᾶς ἄφρων μαίνεται.

Omnis stultos insanire.

27 당신이 종종 어리석긴 해도 당신을 어리석은 자라거나 늘 불량하긴 해도 불량한 자라고 하지 않고 정신 나간 자라고 [나

96 마지막 문장을 직역하면 다음과 같다. 즉 "그보다 죄를 더 크게 할 수 있을 것으로 보이는 어떤 것도 덧보태질 수 없으니 말입니다."

97 이 역설에서는 귀족 출신의 로마 군인이며 도덕적 타락으로 악명이 높은 클로디우스(Publius Clodius Pulcher, 기원전 93~52년)를 비판하는 내용이 주를 이룬다. 클로디우스는 집정관직을 놓고 키케로와 경쟁을 한 바 있고 키케로의 추방을 위한 법안을 통과시켰던 인물이다.(이와 관련해서는 주 63 참고) 그의 일행이 로마로 가던 중 밀로(Milo)의 일행과 마주치게 되는데, 이때 클로디우스는 밀로의 추종자들에 의해 살해당한다.

98 이 책의 「부록」에 실은 키케로의 「무레나 변호 연설」(29.61)에 의하면 제논의 추종자들인 스토아 철학자들은 "현자가 아닌 우리는 도망 노예, 추방자, 적, 마지막으로 광인(*insanos*)"이라고 말한다. 이 인용절에 나오는 도망 노예, 추방자, 적, 그리고 광인 등의 표현은 「역설 4」에서도 주요 용어로 사용된다. 다만 「역설 4」의 제목에는 *insanire*(미쳤다)가 쓰이지만, 본문에서는 *insanire*나 *insanus*(광적인) 대신 27절에서 *demens*(정신 나간)를, 30절에서 *amens*(정신없는)를 같은 의미로 사용한다.

는 부릅니다.][99] 생필품 [……][100] 정복될 수 없습니다. 현자의 영혼은 뜻의 위대함으로, 인간사에 대한 인내심[101]으로, 운에 대한 경멸로, 요컨대 방벽과도 같은 온갖 덕으로 둘러싸여 있는데 정복당하고 굴복당하겠습니까? 그 혼은 국가에서 추방될 수조차 없습니다. 국가란 무엇입니까? 거칠고 야만스러운 사람들조차 포함한 온갖 집단인가요? 다수의 도망노예들과 강도들까지 한데 뭉친 온갖 무리인가요? 분명 당신은 이를 부정할 겁니다. 그러니 그 시절에는[102] 국가가 없었습니다. 법률이 힘을 못 갖고, 법정이 붕괴되고, 조상의 관습이 사라지고, 정무관들이 무력에

99 누락(*lacuna*) 부분을 가장 간단하게 보충한다면 '나는 부른다(*esse appello*)'를 넣을 수 있다. *insanire*(미쳐 있다)도 삽입시키려는 편집자도 있으나 Plasberg는 삭제 제안을 한다.

100 누락 부분을 보충하자면, 현자의 영혼과 관련한 다음 문장도 고려하면서 '생필품'과 '정복될 수 없다' 사이의 내용적 연관성을 확보할 필요가 있다. 이 점를 고려해, 생필품이 조달되는 한 정복되지 않는 상태로 유지되는 요새화가 잘된 마을에 대한 이야기가 빠졌으리라고 추정되곤 한다.(Molager, 31-33) 요새화가 잘 된 마을이 온 덕으로 둘러싸여 있는 현자의 영혼과 비교 대상으로 상정되었을 것으로 보는 것이다.

101 인간사의 부침을 견디는 힘을 뜻하는 것이고, '인내심'으로 옮긴 *tolerantia*는 키케로가 그리스어 *karteria*를 표현하기 위해 사용한 용어로 보이며 『역설』에서 처음 나온다. Ronnick, 123.

102 기원전 58년 클로디우스가 호민관으로 재임하던 시절을 말하는 것이다. 그는 카이사르의 대행자로 행동하며 수도에 많은 혼란을 초래하고 폼페이우스와 그의 지지자들에게 많은 해를 주었으며, 특히 키케로에 대해서는 그를 추방하고자 했고 그가 스스로 로마를 떠나자 그의 저택을 불태우는 등의 행적을 보였다.

의해 추방당하고, 공화국에 원로원의 이름도 남아 있지 않았던 그 시절에는 말입니다. 저 도적떼, 당신이 두목으로서 광장에서 조직한 강도단, 카틸리나의 광기에 의해 당신의 범죄와 광기 쪽으로 관심을 돌린 역모의 잔당은 국가가 아니었습니다. **28** 따라서 나는 국가로부터 추방당한 것이 아닙니다. 국가는 없었으니 말입니다. 나는 국가로 불러들여졌는데, 이는 이전에 유명무실했던 집정관이,[103] 이전에 사라졌던 원로원이, 그리고 민중들의 자유로운 합의가 공화국 안에 되살아나고 국가를 결속시키는 끈인 법과 공정에 대한 기억이 되살아났을 때였습니다.

또 내가 당신의 강도떼의 무기 따위를 얼마나 경멸했는지를 보십시오. 당신은 내게로 극악무도한 불의를 던지고 쏘았다고 늘 생각했지만, 나는 그것이 내게 도달했다고 생각한 적이 없습니다. 혹 당신이 담벼락을 무너뜨리거나 지붕에 범죄의 횃불을 던지고 있었을 때, 나의 것들 중 뭔가를 파괴하거나 불태우고 있다고 생각했을지 몰라도 말입니다. **29** 빼앗기고 탈취당하고 잃어버릴 수 있는 것은 어떤 것도 나의 것이 아니며 누구의 것도 아닙니다. 만일 당신이 내게서 나의 영혼의 신적인 항심을 탈취했더라면, 만일 당신이 극렬히 거부해도 나의 보살핌과

103 스핀테르(Publius Cornelius Lentulus Spinther)는 키케로의 지지자이자 친구이고 기원전 57년에 집정관이었으며 키케로를 망명지에서 로마로 불러들이는 일에 주도적인 역할을 했다.

불면과 정책으로 공화국이 존립한다는 나의 인식을 당신이 탈취했더라면,[104] 만일 당신이 이 영원한 공로에 대한 불멸의 기억을 지워버렸더라면, 게다가 만일 이 정책들이 흘러나온 저 정신까지도 내게서 탈취했더라면, 그렇다면 나는 내가 불의를 당했다고 고백할 겁니다. 하지만 당신이 이것들을 하지도 않았고 할 수도 없었다면, 당신의 불의는 나에게 불행한 떠남이 아니라 영광스런 귀환을 베푼 셈입니다.

그러므로 나는 늘 시민이었고, 원로원이 가장 훌륭한 시민에 대해서 그렇게 하듯 나의 안녕 보장을 이민족 사람들에 의뢰했을 때[105] 특히 그러했습니다. 반면 만일 같은 사람이 적이면서 시민일 수는 없다면, 당신은 분명 지금 시민이 아닙니다. 당신은 시민과 적을 영혼과 행위가 아니라 출생과 거주지에 의해 구분하기라도 합니까? **30** 당신은 광장에서 살육을 했고, 무장 강도들로 신전들을 장악하고, 개인들의 집과 신성한 건물들에 불을 질렀습니다. 당신이 시민이라면 스파르타쿠스[106]가 왜 적입니까? 다른 한편 당신 때문에 한때 국가가 존재하지 않았는데, 당

104 인식으로 옮긴 *conscientiam* 바로 앞에 누락이 있는데, Rackham처럼 *si*를 보충하는 게 좋겠다.

105 키케로 자신의 망명 시절을 말하는 것이다.

106 스파르타쿠스(Spartacus)는 기원전 73년부터 2년간 로마공화정에 맞선 노예들의 항쟁을 이끈 트라케 출신의 검투사이다.

신이 시민일 수 있습니까? 그리고 모든 이들이 내가 떠났을 때 공화국이 추방된 것이라고 여겼음에도, 당신은 당신의 이름[107]으로 나를 부릅니까? 지극히 정신없는 자여, 당신은 당신 주변을 결코 보지 않을 것입니까? 당신이 무엇을 하고 무엇을 말하는지 결코 생각하지 않을 겁니까? 추방은 범죄에 대한 처벌이지만, 나의 저 여행[108]이 내가 행한 아주 뛰어난 업적[109] 때문에 감수하게 된 일임을 모릅니까?

31 당신이 두목임을 자처하며 거느리는 그 모든 불경한 범죄자들이 추방형에 처해지는 걸 법률이 원하니, 그들은 영토에 머물러 있어도 추방자들입니다. 당신은 모든 법률이 '추방자'로 규정하니, 당신의 적이 당신을 그렇게 부르지 않겠습니까?

무기 소지자: 원로원 앞에서 당신의 단검이 압수되었습니다.[110]

107 '추방자'라는 이름을 가리킨다.

108 키케로는 자신의 망명을 '추방(*exsilium*)' 대신 '여행(*iter*)'이라고 하든가, 29절과 30절에서처럼 그저 '떠남'으로 표현하고자 한다. 원래 로마에서 추방(*exsilium*)은 주로 사형 선고를 피하기 위해 취해지는 자발적인 자기 추방이었다. 그것은 중범죄로 인한 형사 소송 절차에 위협을 느낀 사람이 그 절차가 시작된 후에, 그러나 선고 전에 로마 관할지역을 벗어나는 것이다. 후기 공화국에서는 추방을 사형을 대신하는 것으로 법제화했다.(*O.C.D.*, 580)

109 카틸리나의 역모 진압을 말하는 것이다.(주 64 참고)

110 쌍점의 좌측은 추방형에 처할 수 있는 범죄 관련 법조항의 인용 부분이고, 우측은 그에 저촉되는 클로디우스의 행위와 관련된 언급이다.

살인자: 당신은 대단히 많은 이들을 살해했습니다.

방화자: 님프들의 신전이 당신 손에 의해 전소되었습니다.

성소 점거자: 당신은 광장에 진을 쳤습니다.

32 그런데 당신을 추방자로 규정할 모든 일반법을 무엇 때문에 내가 끌어다댈 필요가 있겠습니까? 당신의 절친한 친구[111]가 당신 관련 특별법, 즉 당신이 보나 데아[112]의 은밀한 곳에 들어간 적이 있다면 당신을 추방한다는 법을 제안했습니다. 한데 당신은 자신이 그 짓을 했다고 심지어 자랑하곤 합니다. 그렇다면 당신은 그렇게 많은 법률에 의해 추방형에 처해진 셈인데도 어찌 추방자라는 이름을 두려워하지 않는단 말입니까? "나는 로마에 있습니다"라고 그는 말합니다. 당신은 은밀한 곳에도 분명 있었습니다. 만일 누군가가 자신이 있는 곳에 있는 것이 법

111 기원전 61년에 집정관이었던 마르쿠스(Marcus Pupius Piso)가 원로원에서 그런 제안을 했다.

112 보나 데아(Bona Dea)는 여성들이 숭배하는 다산의 여신이다. 이 여신을 기리는 의식은 오직 여성만이 참여할 수 있었다. 이 의식은 해마다 밤에 폰티펙스 막시무스(Pontifex Maximus)라는 대사제직을 맡은 성직자의 집에서 그의 아내의 주재하에 거행되었다. 기원전 62년 12월에는 카이사르의 집에서 그의 아내 폼페이아(Pompeia)의 주재하에 진행되었다. 그런데 클로디우스가 피리 연주 소녀로 변장하여 참여했다. 이 신성모독 행위는 그를 추방할 수 있는 사안이었으나, 그는 배심원을 매수하여 무죄 선고를 받았다. 이 일로 인해 카이사르는 폼페이아와 이혼했다.(플루타르코스, 『카이사르』 10.6)

률상 금지된다면, 그는 그곳에 대한 권리를 갖지 못할 것입니다.[113]

다섯째 역설

오직 현자만이 자유롭고, 모든 어리석은 자는 노예다.

ὅτι μόνος ὁ σοφὸς ἐλεύθερος καὶ πᾶς ἄφρων δοῦλος.

모든 현자는 자유롭고, 모든 어리석은 자는 노예다.

Omnis sapientis liberos esse et stultos omnis servos.

33 실로 이 사람[114]이 영도자[115]로 찬양받거나 그렇게 불리기까지 하거나 이 경칭을 받을 만하다고 여겨져야 하겠습니까? 어떻게 그가 영도자입니까? 그가 어떤 자유인을 지배할까요?[116] 그는 자신의 욕구를 지배할 수 없으니 말입니다. 그는 우선 자

113 혹은 "법률이 허용하지 않는다면 누구든 자신이 있는 곳의 권리를 갖지 못할 것입니다"로 옮길 수도 있다.

114 '이 사람'은 「역설 4」에서 비판 대상이 되었던 클로디우스가 아니라 가상의 어리석은 사람이다.

115 영도자(*imperator*)란 중대한 전쟁을 승리로 이끈 사령관을 환호하며 붙여준 경칭이다.

116 Plasberg 편집본에는 여기까지 다 평서문으로 되어 있지만 내용상 의문문들로 읽었다.

신의 욕망을 억제하고 쾌락을 멸시하고 격노를 제어하고 탐욕을 통제하고 그 밖에 영혼의 결함을 떨쳐버려야 합니다. 그러고서 스스로 지극히 불량한 주인들인 추함과 수치스러움에 순종하길 멈추었을 때, 그때 다른 사람을 지배하기 시작해야 합니다. 적어도 그것들에 복종하는 동안에는, 그는 영도자는 고사하고 결코 자유인이라고도 여겨져서는 안 될 것입니다.

사실 이 뛰어난 견해는 아주 식견 있는 사람들 사이에서는 널리 알려진 것입니다. 만일 내가 교양 없는 어떤 사람들 앞에서 이 연설을 해야 하는 것이라면, 나는 이들의 권위를 이용하지 않을 것입니다. 하지만 나는 이런 견해가 금시초문이 아닌 아주 분별 있는 사람들 앞에서 말하는 것이므로,[117] 이 연구에 내가 쏟은 어떤 노력이든 헛된 것인 양 꾸밀 이유가 있겠습니까?[118]—아주 배움이 깊은 사람들이 말하는 바로는, 현자가 아니라면 누구도 자유롭지 않습니다.[119] **34** 자유란 무엇입니까? 당신이 원하는

117 1~4절에서는 역설들을 대중들도 인정할 만하게 연설을 하겠다고 했다. 이것은 대중들을 연설 대상으로 상정한 것이라 할 수 있다. 그런데 여기서는 아주 분별 있는 사람들을 청중으로 설정하고 있다.

118 연구를 통해 알게 된 것을 이용하겠다는 얘기이다. 「무레나 변호 연설」 XXIX.61에서도 연설을 듣는 사람을 고려한 같은 취지의 언급이 있다.

119 '현자'가 '자유인'이기 위한 필요조건으로 표현되어 있다. 이 표현에 따르면 스토아 학파는 '현자만이 자유롭다' 혹은 '모든 자유인은 현자이다'라고 말하는 셈이다. 이렇게 볼 때, 「역설 5」의 라틴어 제목보다 그리스어 제목이 정확하다. 그러면 「역설 5」의 라틴어 제목은 어떻게 보아야 할까? 이와 관

대로 살 수 있는 힘입니다. 그러면 누가 원하는 대로 사는 것일까요?[120] 오직 올바른 것들을 추구하는 사람만이, 의무를 즐기는 사람만이, 삶의 방식을 숙고하고 설계하는 사람만이, 두려움 때문에 법률에 복종하는 것이 아니라 그것을 준수하고 존중하는 것이 이롭다고 판단해서 준수하는 사람만이, 기쁘게 그리고 자유롭게 하는 것이 아닌 한 아무 말도 아무 행위도 하지 않고 아무 생각조차 하지 않는 사람만이, 그의 모든 계획과 모든 실행을 그 자신으로부터 시작하고 바로 그 자신에서 끝내고[121] 자기 자신의 의지와 판단보다 자신에게 더 영향력 있는 것이

련해서는 「작품 안내」에서 살펴볼 것이다.

120 거의 34절 끝까지 원하는 대로 사는 데 필요한 조건 일곱 가지가 열거된다. 그리고 결론적으로 그런 조건들을 다 갖춘 자로 현자(*sapiens*)가 언급된다. 그러니까 그 조건들은 한 마디로 말하면 덕이라 할 수 있고, 덕이 없다면 원하는 대로 살 수 없다는 것이 주된 내용이다. 키케로는 그 조건들을 논리적으로 필요조건을 나타내는 용어(*nisi*)를 통해 언급할 뿐더러 '현자'에도 필요조건을 나타내는 용어(*soli*)를 붙여 표현한다. 이 점도 왜 그리스어 제목이 나왔는지를 알 수 있게 한다. 더 나아가 '원하는 대로 사는 것'은 아무나 할 수 있는 것이 아니라는 점은 플라톤도 『고르기아스』에서 이야기한 바 있다. 이 대화편에서 소크라테스는 연설가들도 참주들도 "자신들이 원하는 것들(hōn boulontai)을 거의 아무것도 하지 못한다네. 자신들이 가장 좋다고 생각하는 것을 무엇이든 하기는 하지만 말일세"라고 말한다.(466d–e) 이 대화편을 통해 플라톤은 덕 있는 자가 진정 자기가 원하는 대로 살 수 있고 행복한 사람이라는 점을 밝힌다.

121 *referre*는 스토아 학파에서 많이 사용되는 용어이고 통상 '조회하다'로 번역되곤 하는데, 현 논의 맥락상 시종일관 스스로 계획과 실행을 감당한다는 의미를 살리는 것이 적절하다고 보아 '끝내고'로 옮겼다.

전혀 없는 사람만이, 그리고 운명은 가장 큰 힘을 갖는다고 이야기되는데, 지혜로운 시인의 말마따나 운명이 각자에게는 각자 자신의 성품에 따라 형성되므로,[122] 운명의 여신조차도 굴복시키는 사람만이 원하는 대로 사는 것입니다. 그러니 이것, 즉 어떤 일도 비자발적으로나 괴로워하면서나 강제적으로는 하지 않는 것은 오직 현자에게만 일어나는 일입니다. **35** 이것이 사실이라는 것은 더 긴 논의를 통해 살펴보아야 하지만, 앞서 말한 바와 같은 성향을 갖춘 사람이 아니라면 아무도 자유롭지 않다는 점은 간명하며 인정되어야 합니다. 그러므로 모든 불량한 사람은 노예들입니다, 노예들이고말고요. 실제로 이 점은 듣는 것처럼 그렇게 뜻밖의 놀라운 얘기는 아닙니다. 왜냐하면 채무나 그 밖의 국법에 의해 주인들의 재산이 된 노예들[123]이라는 그런 의미에서 그들이 노예들이라고 말하는 것이 아니기 때문입니다. 다만 노예 상태가, 사실상 그렇듯이, 유약하고[124] 비굴하며 자신의 자유재량을 결여한 영혼의 복종 상태라고 한다면, 모

122 '지혜로운 시인'이 누군지는 알 수 없다. 네포스(Nepos)는 『아티쿠스(*Atticus*)』 11.6에서 그 시인의 다음 시구를 인용했다. *sui cuique mores fingunt fortunam hominibus*. 키케로는 이것의 구문을 바꿔서 재인용했다. 그 시구처럼 성품을 중시하는 유사한 내용을 헤라클레이토스의 단편에서도 볼 수 있다. 그는 "인간에게 성품(*ēthos*)이 수호신(*daimōn*)이다"(DK22B119, 김인곤 외 7.125)라고 말했다.

123 이 노예(*mancipia*)는 구매노예이다.

124 '유약한'으로 옮긴 *fractus*는 '망가진', '부서진'이란 뜻도 갖고 있다.

든 경박한 사람, 모든 욕심 많은 사람, 그리고 요컨대 모든 불량한 사람이 노예라는 것을 누가 부정하겠습니까?

36 여인의 지배를 받는 남자가, 여인이 제정해준 법에 따르고 여인이 적합하다고 여기는 대로 지시받고 명령을 받고 제지를 받는 남자가, 여인이 지배할 때 아무 이의도 제기할 수 없고 감히 아무것도 거부하지 못하는 남자가 자유롭다고 내가 생각할 수 있겠습니까? 여인은 요구하고, 남자는 주어야 합니다. 여인은 부르고, 남자는 와야 합니다. 여인은 내쫓고, 남자는 떠나야 합니다. 여인은 겁박하고, 남자는 두려워해야 합니다. 실로 나는 이런 자가 꽤나 굉장한 집안에서 태어났다 해도 그는 노예, 지극히 무가치한 노예라고 불러야 한다고 생각합니다.

37 그리고 어리석은 자들의[125] 큰 무리 속에는 또 다른 노예들이 있습니다. 그들은 자신들이 꽤 기품 있다고 생각하지만, 그들은 노예들입니다. 그들 나름으로 어리석은 집사와 정원관리사 말입니다. 그들은 조각상, 그림, 양각 세공된 은제품, 코린토스산 작품, 그리고 웅장한 건물에서 지나치게 기쁨을 느낍니다. 누군가는 "우리는 국가의 주요 인물들이다"라고 말합니다. 하지만 당신들은 자신들의 동료 노예들 사이에서조차 주요 인

125 Plasberg와 달리 Rackham과 Molager는 *stultorum*(어리석은 자들의) 대신 *servorum*(노예들의)으로 수정한다.

물들이 아닙니다.[126] 하지만 집안에서 그런 물품들을 다루고 깨끗하게 하고 기름을 바르고 쓸어내고 물을 뿌리는 사람들이 노예 상태에서 가장 명예로운 위치를 차지하지는 못하듯이, 국가에서 그런 것들에 대한 욕구에 자신을 바친 사람들은 노예 상태 자체에서 거의 가장 낮은 위치를 갖게 됩니다. 누군가는 "나는 큰 전쟁을 치러냈고, 큰 사령부와 속주들을 관리했습니다"라고 말합니다. 그러면 찬양을 받을 만한 영혼을 지니십시오. 아에티온[127]의 그림이나 폴뤼클레이토스의 어떤 조각상이 당신을 넋 잃게 합니다. 나는 당신이 그것들을 어디로부터 가져왔고 어떻게 갖고 있는지는 넘어가겠습니다. 당신이 그것들을 바라보고 경탄하고 탄성을 지르는 것을 볼 때, 나는 당신이 온갖 어리석음의 노예라고 판단합니다.

38 "그러면 이것들을 보는 게 즐겁지 않단 말인가요?" 즐겁다고 해둡시다. 우리도 감식안을 갖고 있으니까요. 하지만 당신께 간청합니다. 그런 매혹적인 것들이 어른들을 속박하는 것이 아니라, 아이들의 오락거리가 되게 하십시오. 당신은 어떻

126 Rackham은 이 문장과 다음 문장 사이에서 37절이 시작되는 것으로 본다.
127 아에티온(Aëtion)은 기원전 4세기의 그리스 화가다. 그의 가장 유명한 작품은 '알렉산드로스와 록사나의 결혼'이다. 그리고 폴뤼클레이토스(Polykleitos)는 기원전 5세기 후반의 그리스 조각가이다. 그의 잘 알려진 작품들 중 하나는 '창을 든 사람(*Doryphoros*)'이다.

게 생각합니까? 그런 사람들 중 누군가가 스스로 코린토스 전체를 멸시하면서도 코린토스산 작은 단지를 아주 탐욕스럽게 다루는 것을 루키우스 뭄미우스[128]가 본다면, 그는 그자가 탁월한 시민이라고 생각하겠습니까, 아니면 성실한 집사라고 생각하겠습니까? 마니우스 쿠리우스[129]나 혹은 시골집과 도시집 속에 있는 것이라곤 자신들뿐이고 사치품이나 장식품 하나 가지고 있지 않았던 사람들 중 누군가가 살아 돌아오게 해보십시오. 그리고 민중의 지극한 은혜를 입은[130] 누군가가 작은 수염을 가진 숭어류의 고기들을 자기 연못에서 잡아 그것들을 어루만지고 칠성장어들이 풍부하게 있음을 자랑하는 모습을 보게 해보십시오. 그는 이 사람이 집안에서조차 비교적 큰 어떤 일에도 적합하지 않은 노예[131]라고 판단하지 않겠습니까?

39 혹은 금전욕 때문에 지극히 가혹한 노역의 어떤 조건도

128 루키우스 뭄미우스(Lucius Mummius)는 기원전 146년 집정관으로 선출되고 아카이아 전쟁의 사령관으로 임명되어 아카이아 동맹군에 맞서 승리를 하고, 아마도 교역 경쟁자의 제거를 위한 원로원의 정책에 따라 코린토스에 입성해서 남자들은 몰살하고 여자와 아이들은 노예로 팔았다. 그리고 코린토스의 예술작품들을 로마로 보냈는데, 그는 예술작품에 무관심하고 그 가치에 대해 무지했다고 전해진다.

129 마니우스 쿠리우스(Manius Curius)는 12절에서 나왔고 그곳에 각주가 있다.

130 민중의 투표로 최고의 관직에 오른 일을 가리키는 것으로 보인다.

131 *putet*를 번역하지 않았다. 이것까지 번역하면 '적합하다고 그가 생각하지 않을 그런 노예'로 된다.

마다하지 않는 자들은 노예 상태에 있다는 것이 수긍이 안 되나요? 유산 상속의 희망은 어떤 부당한 노예 노릇이라도 떠맡고, 자식 없는 부유한 노인의 어떤 고갯짓에도 주의를 기울이지 않습니까?[132] 그의 뜻에 맞춰 말하고, 지시받은 것은 무엇이든 행하고, 그를 수행하고 그의 곁에 앉으며 선물을 바칩니다. 이것들 중 무엇이 자유인이 할 일이고, 진정 무엇이 게으르지 않은 노예가 할 일입니까?

40 어떻습니까? 자유인에게 더 어울리는 것으로 보이는 저 욕구, 즉 공무와 군사적 지휘, 그리고 속주 통치에 대한 욕구는 얼마나 가혹하고, 얼마나 폭군적이며, 얼마나 난폭한 여주인입니까! 그것은 아주 대단하다고 자부하던 사람들로 하여금 아주 평판 좋은 사람은 아닌 케테구스[133]를 위해 노예가 되어 그에게 선물을 보내고 밤에 그의 집에 가고 심지어 프라이키아[134]에게

132 Plasberg 판본에서는 이 문장에 의문부호가 없으나 내용상 의문문으로 보는 게 적절하다. 그리고 이 문장의 주어인 '유산 상속의 희망'은 의인화되어 있으며, 의미상으로는 그런 희망을 가진 사람으로 볼 수 있다.

133 케테구스(Publius Cornelius Cethegus)는 처음에는 가이우스 마리우스의 강력한 정치적 지지자로 주목을 받았고, 다음으로 술라의 호의를 얻으려고 노력했고 78년 그의 사망 후에는 음모에 능한 능력과 연설 능력으로 큰 정치적 영향력을 갖게 되었다.

134 프라이키아(Praecia)는 정치적 영향력이 대단했던 로마의 창녀였다. 그녀는 유명한 고객들의 광범위한 연결망을 갖고 있을뿐더러 자신의 인맥을 이용해서 고객들의 정치적 경력에 도움을 주기도 한 것으로 알려졌다. 그 일례로 그녀는 자신의 고객 중 한 명인 케테구스에게 인사 청탁을 해서 기원전

간청하도록 강요했습니다. 만일 이것이 자유라고 여겨질 수 있다면, 무엇이 노예 상태입니까?

어떻습니까? 욕구들의 지배가 물러나고, 또 다른 주인으로 죄의식에서 생긴 공포심이 등장할 때, 이때의 상태는 얼마나 불행하고 얼마나 가혹한 노예 상태인가요! 사람들은 다소 꽤나 말 많은 젊은이들[135]을 위해 노예 짓을 해야 하고, 뭔가를 아는 듯 보이는 모든 이들을 주인들처럼 무서워해야 합니다. 진정 심판인은 얼마나 큰 지배력을 갖고 있습니까? 범죄자들에게 공포심을 심어주는 지배력 말입니다. 모든 두려움의 상태는 노예 상태가 아니겠습니까?

41 그렇다면 지극히 유창한 말솜씨가 있는 루키우스 크라수스[136]의, 지혜롭기보다는 유려한 저 연설은 무슨 가치가 있습니까? "우리를 노예 상태에서 구해주시오"라고 얘기한 연설 말입니다. 그토록 유명하고 그토록 고귀한 사람에게 그 노예 상태란 무엇일까요? 모든 무력하고 비천하고 유약한[137] 혼이 갖는 공포

74년에 루쿨루스(Lucius Licinius Lucullus)가 킬리키아 총독에 임명하게 했다고 한다. 이처럼 그녀와 케테구스는 로마에서 상당한 힘을 행사했다.

135 특히 총독의 참모로 있는 젊은이들을 가리킨다.(Lee, 79)

136 루키우스 크라수스(Lucius Licinius Crassus, 기원전 140~91년)는 키케로 이전 세대에서 최고의 연설가였다. 키케로는 그를 크게 존경했고, 연설술(수사술)에 관해 논한 대화편인 『연설가론』에서 그를 주요 등장 인물들 중 한 명으로 등장시켰다.

137 구문을 볼 때 *debilitata*와 *fracta*는 문법적으로는 여성 1격으로 *timiditas*를 수

감의 상태가 노예 상태입니다. 그는 "우리가 어떤 사람에게든 노예살이하는 것을 허용하지 마십시오"라고 말합니다. 그는 자유가 주어지기를 바라는 것일까요? 전혀 아닙니다. 그가 덧붙이는 것이 무엇입니까? "당신들 전체에게가 아니라면"입니다. 그는 주인을 바꾸고자 하는 것이지, 자유롭고자 하는 것이 아닙니다. "어떤 사람들에게는 우리가 노예살이할 수 있고 그렇게 해야 한다"[138]는 것입니다. 하지만 진정 우리가 탁월하고 고매하며 덕으로 성을 쌓은 영혼을 가지고 있다면, 우리는 그렇게 해선 안 되고 그렇게 할 수도 없습니다. 당신은 정말로 그렇게 할 수 있으니 그럴 수 있다고 말하도록 하십시오. 하지만 갚지 않는 것이 수치스러운 경우가 아니라면, 갚아야 한다고 말하지 마십시오. 누구도 아무런 빚을 진 게 아니니까 말입니다.

하지만 이 문제는 이 정도로 합시다. 이성과 진리 자체가 저자가 자유롭지조차 않음을 밝혀주므로, 그는 자신이 어떻게 영

식하는 것으로 보이지만, 수사적 대체법(*enallage*)으로 실제로는 남성 2격의 *animi*를 수식한다고 보는 것이 적절하다. 35절에서는 *fracti*가 *animi*를 수식하는 용례를 볼 수 있다.

138 '어떤 사람들'이란 '당신들 전체'를 가리킨다. 사실 '어떤 사람들에게는'으로 옮긴 '*quibus*'는 관계대명사로 '당신들 전체'를 선행사를 갖는 것이다. 이런 점에서는 이 문장을 직역하면 "우리가 노예살이할 수 있고 그렇게 해야 할 [당신들 전체]"로 옮길 수 있다. 여기서 '해야 한다'로 옮긴 '*debemus*'란 표현에도 유의할 필요가 있다. 이 용어는 '해야 한다' 혹은 '빚을 지고 있다'는 의미를 갖고 있다. 이후 이 용어와 관련한 일종의 말장난이 이어진다.

도자일 수 있는지 살펴보아야 합니다.

여섯째 역설
오직 현자만이 부자이다.
ὅτι μόνος ὁ σοφὸς πλούσιος.
Quod solus sapiens dives.

42 당신이 자신의 돈을 언급하면서 그토록 과도하게 뽐내는 것은 뭘 말하려는 것입니까?[139] 당신만이 부유하다는 것입니까? 불멸의 신들이시여! 뭔가를 듣고 배웠다는 것을 기뻐해야 하지 않겠습니까?[140] 당신만이 부유한가요? 당신이 정말 부유한 것

139 키케로는 「역설 5」 말미에서 루키우스 크라수스의 연설과 관련해 이야기를 한 후, 「역설 6」에서는 마르쿠스 크라수스(Marcus Licinius Crassus, 기원전 115년경~53년)를 주된 논박 대상으로 삼는다. 이 크라수스는 로마공화정 말기의 정치가이자 장군이었고, 스파르타쿠스 반란을 진압하고 집정관을 지냈으며 폼페이우스 및 카이사르와 삼두정치를 했다. 그가 「역설 6」에서 논박 대상으로 설정된 것은 그가 당대 최고의 부자로 알려진 인물이기 때문이다. 그는 마리우스(Gaius Marius)와 킨나(Lucius Cornelius Cinna)에 대한 술라의 재산몰수와 판매 공고 때 그들의 큰 재산을 헐값에 취득했고, 또한 노예 매매, 은광 사업, 부동산 투기, 불타거나 망가진 집 매입 등으로 거부가 되었다.

140 듣고 배운 것에 기뻐한다는 것은 지적으로 부유해서인지, 혹은 누가 부유한지 정도는 잘 알게 되어서인지, 혹은 둘 다인지 불분명하다.

은 아니라면 어떻겠습니까? 당신이 심지어 가난하기조차 하다면 어떻겠습니까? 우리는 누가 부유하다고 이해합니까? 혹은 어떤 사람에게 이 말을[141] 적용합니까? 자유인답게 사는 데 쉽게 만족할 만큼 소유하고 있는 사람에게, 즉 더 아무것도 필요하지 않고 더 아무것도 추구하지 않고 더 아무것도 갈구하지 않는 사람에게 이 말을 적용해야 한다고 나는 생각합니다.

43 당신 자신이 부유한지 여부는 사람들의 이야기나 당신의 소유물이 아니라 당신의 영혼이 판단하는 것이 적절합니다. 당신의 영혼이 자신에게는 아무것도 부족하지 않다고 여기고, 더 아무것도 염려하지 않고, 당신의 돈으로 충족되거나 혹은 만족하기라도 한다면,[142] 나는 당신이 부유하다는[143] 것을 인정합니다.[144] 하지만 만일 당신의 지위에서는 어떤 돈벌이도 훌륭한 것일 수 없음이 분명한데도 돈에 대한 열망으로 당신이 어떤 돈벌

141 '부유하다'는 말을 가리킨다.

142 원문 *satiatus est aut contentus etiam pecunia*를 번역하는 데 *etiam*이 있는 두 번째 선택지를 어떤 의미로 보는가에 어려움이 있다. 우선 '당신의 돈으로 충족되거나 만족하기조차(까지) 한다'로 볼 수 있다. 다른 가능성은 당신의 돈으로 충족되거나, 충족과 상관없이 만족하는 경우를 상정할 수 있다. 역자는 후자로 보았다.

143 Plasberg 편집본의 *est*를 *es*로 고쳐 읽었다.

144 역자는 조건문으로 번역했으나, 조건절로 옮긴 부분과 주절로 옮긴 부분 사이에 Plasberg는 콜론을 넣고, Rackham은 의문부호를 넣었다. 그런데 콜론을 넣든, 의문부호를 넣든 그 두 문장의 관계는 내용상 조건문의 전건과 후건과 같은 관계로 이해될 수 있다.

이도 수치스럽지 않다고 여긴다면, 만일 당신이 날마다 사기 치고 속이고 금품을 요구하고 흥정하고 탈취하고 약탈한다면, 만일 당신이 동료들을 상대로 강탈하고 국고를 턴다면, 만일 당신이 친구들의 유언장에 기대를 걸거나, 혹은 기대조차 않고 스스로 날조한다면, 이런 것들은 풍족한 자의 징표입니까, 아니면 궁핍한 자의 징표입니까?

44 일반적으로 사람의 영혼이 부유하다고 하지 금고가 부유하다고 하진 않습니다.[145] 금고가 아무리 가득 차 있다 하더라도, 당신이 비어 있는 것으로 내게 보이는 한, 나는 당신이 부유하다고 생각하지 않을 것입니다. 사실 사람들은 얼마만큼이 각자에게 충분한지에 따라 부의 정도를 측정합니다. 누군가 딸을 갖고 있다면,[146] 그에겐 돈이 필요합니다. 딸이 둘이라면, 돈이 더 많이 필요합니다. 딸이 여럿이라면, 돈이 훨씬 더 많이 필요합니다. 다나오스[147]의 경우 그러했다고 전해지듯 딸

145 통상 금고가 아니라 사람의 영혼에 대해 '부유하다'는 말이 쓰인다는 의미일 것이다.

146 Plasberg 편집본의 쉼표 전후 문장들을 내용상 조건문의 전건과 후건처럼 번역했다.

147 그리스 신화에 의하면 아르고스의 왕 다나오스(Danaos)에게는 다나이데스(Danaides)라 일컬어진 50명의 딸들이 있었고, 그의 형제 아이깁토스(Aigyptos)에게는 아들 50명이 있었다. 다나오스는 사촌들을 서로 결혼시켜야 한다는 제안을 탐탁하지 않게 여겨 이집트의 아르고스로 달아났다. 아이깁토스의 아들들은 그를 추적해서 그가 결혼에 억지로 동의하게 만들었다.

이 50명이 있다면, 그 수만큼의 지참금은 거액을 요합니다. 앞서 말했듯, 부의 정도는 각자에게 얼마만큼이 필요한가에 상응합니다. 그러니 여러 명의 딸을 갖지는 않았지만 단기간에 막대한 재산을 탕진시킬 헤아릴 수 없는 욕구를 가진 자를 제가 어찌 부유한 자라고 부르겠습니까? 그 스스로 자신이 궁핍하다고 느낄 테니 말입니다. **45** 자신의 수입으로 군대를 유지할 수 있는 자가 아니라면 그 누구도 부자가 아니라고 당신이 말할 때, 많은 이들이 당신의 말을 들었습니다. 그 일[148]은 오래전부터 줄곧 로마 민중이 그 엄청난 세입으로도 거의 하지 못한 일입니다. 그러므로 이를 전제하면, 당신의 재산에서 아주 많은 수익이 당신에게 생겨서 그것에 의해 당신이 6개의 군단[149]뿐만 아니라, 기병과 보병으로 구성된 대규모 지원군까지 뒷받침할 수 있기 전에는, 당신은 결코 부자가 아닐 것입니다. 따라서 당신 자신이 열망하는 것을 채우기에는 아주 많이 부족하므로, 이제 당신은 자신이 부자가 아니라고 자인하고 있는 것입니다. 결국 당

하지만 그는 결혼식날 밤에 딸들 각자가 자기의 남편을 죽이도록 딸들과 일을 꾸몄다. 맏딸 휘페름네스트라를 제외하고 모든 딸이 따랐다. 이로 인해 딸들은 죽은 뒤 하데스에서 밑 빠진 항아리에 계속 물을 채워야 하는 영겁의 벌을 받았다고 한다.

148 자신의 수입으로 군대를 유지하는 일을 가리킨다.

149 당시 1개 군단(*legio*)은 대략 4,200명의 보병과 300명의 기병으로 이루어졌다.

신은 자신의 가난, 아니, 오히려 극빈과 거지신세를 결코 감추지 못했습니다.

46 장사를 하거나, 용역을 제공하거나, 공무[150]를 맡아서 정직하게 돈을 추구하는 사람들에게는 수입이 필요하다는 것을 우리는 압니다. 그와 마찬가지로 만일 누군가가 고발자들과 밀고자들의 무리들이 당신으로 인해[151] 당신의 집에서 어울리는 것을 목격한다면,[152] 만일 범죄를 저지른 돈 많은 피고인들이 알선자인 바로 당신을 통해 재판에 뇌물을 쓰려 기도하는 것을 목격한다면, 만일 변론에서 당신의 보수 계약, 출마자들의 담합에서 당신이 하는 금전보증,[153] 그리고 속주를 고리대금으로 갈취하고 수탈하기 위해 당신이 해방 노예들을 파견하는 것을 목격한다면, 만일 이웃들에 대한 당신의 추방, 시골에서의 탈취,[154] 노예들과 해방 노예들 및 피호민들과 당신의 협력 관계, 당신의 무주지들,[155] 자산가들의 재산몰수, 자치도시들에서 당신이

150 공무(*publica*)로는 일차적으로 조세징수 업무, 도로 건설, 항구 건설 및 기타 공적 일들을 가리킨다.(Lee, 85)

151 A. E. Lee(86), J. Molager(126)를 따라 Plasberg 편집본의 *partem* 대신 *per te*로 수정해서 읽었다.

152 이후 거의 47절의 끝까지 이어지는 조건절들은 원문의 관계대명사절들에 대한 의역이다.

153 Plasberg 편집본의 *partem* 대신 *per te*로 수정해서 읽었다.

154 '시골에서의 탈취(*latrocina in agris*)'는 시골지역에서의 강제적 세금 징수를 뜻하는 것으로 보인다.

행하는 살육을 목격한다면, 그리고 만일 누군가가 술라 시기의 저 끔찍한 수확,[156] 날조된 유언장들, 제거된 그 많은 사람들을 기억한다면, 끝으로 만일 판매 대상이 된 모든 것, 즉 모병, 결의,[157] 타인이나 자신의 표결,[158] 공공장소와 집, 발언과 침묵 등을 기억한다면, 당신이 자신에게 수입이 필요하다고 공언하는 셈이라는 걸 누가 부정하겠습니까? 그런데 도대체 누가 수입이 필요한 자를 진짜 부자라고 말하겠습니까? **47** 사실 부의 좋은 점은 풍요로움에 있는데, 풍요로움이란 재산의 충족함과 풍족함을 말하는 겁니다. 당신은 결코 이것을 얻지 못할 것이므로, 당신은 결코 전적으로 부유하지는 못할 것입니다.

하지만 나의 돈을 당신이 하찮게 여기고 그것은 옳은 만큼—대중의 생각에는 내 돈이 중간쯤 되고, 당신 생각에는 아무것도 아니며, 내 생각에는 알맞은 정도이니 말입니다—나는 나에 관해서는 침묵할 것이고, 재산에 관해 말하겠습니다. **48** 만일 우리가 재산에 대해 그 양을 산정하고 그 가치를 평가해야 한다면, 우리가 더 크게 평가할 것은 퓌로스가 파브리키우스에게 준

155 무주지(*possessio vacuus*)란 타인들을 내쫓고 차지한 땅을 가리키는 것으로 보인다.

156 여기서 '수확'은 사람을 죽이는 것을 뜻한다.

157 원로원의 결의(*senatus consultum*)를 뜻한다.

158 원로원이나 법정에서의 표결을 뜻한다.

돈입니까, 아니면 퓌로스의 돈을 거부한 파브리키우스의 자제력입니까?[159] 삼니움족의 금입니까, 아니면 마니우스 쿠리우스의 답변입니까?[160] 루키우스 파울루스의 유산입니까, 아니면 그 유산에서 자신의 몫을 그의 형 퀸투스 막시무스에게 양보한 아프리카누스의 후의입니까?[161] 분명 최고의 덕에 속하는 후자가 재물에 속하는 전자보다 더 크게 평가되어야 합니다. 그러므로 만일 가장 가치 있는 것을 소유하는 것에 비례해서 각자를 아주 부유한 자로 여겨야 한다면, 부의 요체는 덕이라는 것을 정녕 누가 의심하겠습니까? 어떤 소유물도 어떤 양의 금은보화도 덕보다 더 크게 평가해서는 안 되니 말입니다.

159 퓌로스와 파브리키우스의 일화에 대해서는 12절에 있는 각주 41번에서 소개했다.

160 마니우스 쿠리우스는 12절과 38절에서 언급되었고, 쿠리우스와 삼니움족 사이의 일화는 각주 42번에서 소개했다.

161 루키우스 파울루스(Lucius Aemilius Paul(l)us Macedonicus, 기원전 229~160년)는 기원전 182년과 168년 두 차례 집정관이 되었고, 167년에는 마케도니아 전쟁의 사령관으로 퓌드나 전투에서 승리하고 페르세우스를 포로로 잡으며 제3차 마케도니아 전쟁을 종식시켰다. 그는 민족적 전통을 보존하면서도 헬레니즘의 문화에 호의적인 귀족이었습니다. 그는 두 번의 결혼으로 네 명의 아들과 두 명의 딸을 갖게 되었다. 그중 큰 아들은 Quintus Fabius Maximus에게 입양되어 Quintus Fabius Maximus Aemilianus가 되었고, 둘째 아들은 노 아프리카누스의 아들인 Publius Cornelius Scipio에게 입양되어 Publius Cornelius Scipio Aemilianus가 되었다. 파울루스의 유언으로 이 두 아들이 유산을 받게 되었을 때 동생 스키피오는 덜 부유한 형 퀸투스에게 자기 몫을 주었다.

49 불멸의 신들이시여, 사람들은 절약이 얼마나 큰 수입인지 이해하지 못하는군요. 이제 나는 돈벌이에 열의를 보이는 저 사람을 떠나, 사치하는 사람들 쪽으로 갑니다. 그 사람은 자신의 자산 수익으로 60만 세스테르티우스를 획득하지만, 나는 자산 수익으로 10만 세스테르티우스를 얻습니다. 그는 금박 지붕들과 대리석 바닥으로 별장을 치장하고, 조각상들과 그림들과 집기들과 옷들을 끝없이 갈망하므로, 그에게 저 수입은 그 비용 충당뿐만 아니라 이자를 지불하기에도 모자랍니다. 하지만 나는 나의 적은 수입에서 욕구를 위한 비용을 빼고도 얼마는 남아돌기까지 합니다. 그렇다면 누가 더 부유한가요? 부족한 자인가요, 아니면 남는 게 있는 자인가요? 궁핍한 자인가요, 아니면 풍족한 자인가요? 그의 재산이 많을수록 그 재산 자체를 유지하는 데 더 재산이 필요한 자인가요, 아니면 그의 재산이 그 자체의 힘으로 그 자체를 유지하는 자인가요?

50 그런데 우리의 관습과 시대가 가진 악덕 때문에 아마도 나 자신조차 어느 정도 이 세대의 잘못 속에 휩쓸려들어 있는데, 내가 왜 나 자신에 대해서 말하고 있는 걸까요?[162] 계속 쿠리우스 같은 사람들과 루스키누스[163] 같은 사람들에 대해 언급

162 제 자신에 대해서는 말할 필요가 없을 것이라는 얘기이다.

163 루스키누스는 48절에서 언급된 파브리키우스(Gaius Fabricius Luscinus)를 가리킨다.

하지 않도록 하고 마니우스 마닐리우스[164]에 대해 말해보죠. 우리 선조들의 기억에 그는 가난했을까요? 그는 카리나이에 작은 집을, 그리고 라비쿰 지역에 농장 하나를 갖고 있었으니 하는 말입니다.[165] "우리는 더 많이 갖고 있으니 더 부유합니다"라고 누군가가 말할지도 모릅니다. 제발 그랬으면 좋으련만! 하지만 호구조사에 따른 재산 평가가 아니라 생활 방식과 교양에 의해서 부의 정도가 정해집니다. **51** 욕구하지 않는 것이 재산이고, 낭비하지 않는 것이 수입입니다. 실상 자신의 재물에 만족함이 가장 크고 가장 확실한 부입니다.

진정 당신 쪽의 영리한 재산 평가자들이 어떤 목초지와 대지를 높게 평가하는데, 이런 종류의 소유물은 거의 손상될 수 없다는 이유로 그렇게 평가한다면, 결코 강탈당하거나 몰래 도난당할 수도 없고, 난파나 화재로 잃지도 않고, 폭풍우나 세태의 격변에 의해 변하지도 않는 덕은 얼마나 크게 평가되어야 하겠습니까?[166] **52** 그 덕을 갖춘 자들만이 부자입니다. 왜냐하면 그

164 마니우스 마닐리우스(Manius Manilius)는 오랜 군 경력을 갖고 있고 기원전 155/4년에 스페인 총독이었고, 149년에 로마 공화정의 집정관이었으며, 연설가이자 법률학자로 유명했다.

165 카리나이(Carinae)는 카일리우스 언덕과 에스퀼리누스 언덕 사이에 있는 로마의 세련된 지역이었고, 라비쿰 지역(Labicanum)은 로마의 남서쪽으로 15마일쯤 떨어진 마을이었다.

166 Plasberg은 평서문으로 보았으나 내용상 의문문으로 읽었다.

들만이 유익하고 영속하는 재산을 소유하고, 그들만이 자신의 재산에 만족하고—이 만족이 부에 고유한 것입니다—자신에게 있는 것이 충분하다고 생각하고, 아무것도 추구하지 않고, 아무런 궁핍도 없고, 자신에게 아무것도 부족하다고 느끼지 않고, 아무것도 필요로 하지 않기 때문입니다. 하지만 불량하고 탐욕스런 자들은 불확실하고 요행에 달린 소유물을 갖고, 늘 더 많은 것을 추구하고, 그들 중 자신이 가진 것이 충분한 자는 이제껏 하나도 발견된 적이 없으므로, 그들은 풍요롭지도 부유하지도 않을 뿐 아니라 빈곤하고 가난하다고 여겨져야 합니다.

작품 안내

1. 『스토아 철학의 역설』 판본

이 책의 최초 인쇄본은 독일 마인츠에서 푸스트(Johannes Fust)와 쉐퍼(Peter Schoeffer)에 의해 1465년에 출판된다. 푸스트는 인쇄업에 크게 투자했고, 쉐퍼와 출판사업을 하기 전에는 서양에서 최초로 금속활자를 발명한 구텐베르크(Johannes Gutenberg)와 함께 인쇄소를 설립하기도 했다. 그러니까 그는 1455년 이른바 『구텐베르크 성경』이라는 최초 금속활자 인쇄본의 출판에 기여했다. 그런데 구텐베르크를 상대로 돈 문제로 소송을 걸고 1456년 푸스트가 승소해서 인쇄소를 완전히 넘겨받고 훗날 그의 사위가 된 쉐퍼와 인쇄소를 운영했다. 쉐퍼는 파리대학 출신으로 필사자로 생계를 영위하기도 했고 구텐베르크의 활자를 디자인한 인물이다.

푸스트와 쉐퍼는 1465년에 키케로의 두 작품을 한 권으로 묶은 *De Officiis et Paradoxa Stoicorum*을 출판한다. 이 책은 큰 호평을 받아 초판 출간 이후 얼마 지나지 않은 1466년 2월에 2쇄를 출판했다. 이 작품의 출판은 아주 성공적이었고 수세기 동안 출판의 한 표준이 되었다. 로닉(Ronnick)이 자료를 조사한 바에 의하면 초판 출판 이후 5년간(1465~1470년) 유럽 출판계에서 출판된 고전 작가의 모든 편집본들 가운데 키케로의 작품들이 최고의 인기를 누렸고, 『스토아 철학의 역설』은 거의 『의무론』만큼 인기를 누렸다.(Ronnick, 1990, 124)

르네상스 시대의 대표적 학자인 에라스무스(D. Erasmus)도 『스토아 철학의 역설』의 주요 편집자들과 주석자들 중 한 명이다. 그의 사후인 1561년에 리처드(T. Richard)의 출판사에서 그의 『스토아 철학의 역설』이 출판되었다. 그 밖에도 수많은 편집본들이 있는데,[1] 그중에서 오늘날 가장 신뢰할 만한 편집본 중 하나로 꼽히는 것이 플라스베르크(Otto Plasberg)의 *Paradoxa Stoicorum*(Teubner, 1908)이다. 비교적 최근의 주요 연구 결과로

1 로닉은 그의 박사학위논문(1990)에서 필사본들의 역사와 인쇄본들의 역사를 상세하게 설명했다. 그의 학위논문은 책으로도 출간되었으나 절판된 상태다.

는 로닉(Ronnick, 1990)과 갈리(Galli, 2019)가 주목되는데, 이들은 플라스베르크의 편집본(토이브너 판)을 저본으로 삼았다. 역자도 마찬가지로 이 토이브너 판을 번역본의 기준 판본으로 삼았다.

2. 키케로의 생애

마르쿠스 툴리우스 키케로(Marcus Tullius Cicero)는 기원전 106년 1월 3일 아르피눔에서 부유한 기사계급의 집안에서 두 형제 가운데 맏형으로 태어났다. 그의 아버지는 두 형제를 일찍이 로마로 유학 보내 철학과 수사학을 공부하게 했다. 키케로는 당대의 유명한 법률 자문가였던 퀸투스 무키우스 스카이볼라와, 또 같은 이름의 아들 대제관 스카이볼라 밑에서 배웠다. 그는 어린 시절부터 희랍의 주요 철학 학파에 속하는 철학자들에게서 가르침을 받기도 했다. 에피쿠로스주의자인 파이드로스나 시돈의 제논과 교류했고, 자신의 집에 기거했던 스토아주의자 디오도토스에게서 가르침을 받았다. 그의 철학적 입장에 가장 큰 영향을 미친 인물은 기원전 88년에 로마로 이주한 라리사의 필론이다. 신아카데미아의 수장이었던 필론을 통해 키케로는 신아카데미아 철학을 배웠고 이 가르침을 일평생 유지했다.

필론의 수업에는 수사학도 포함되어 있었으며, 키케로는 필론의 가르침을 기록한 저술인 『발견론(*De Inventione*)』을 남기기도 했다.

키케로는 기원전 81년 처음으로 변호사 활동을 시작했으며, 기원전 80년 부친살해 혐의로 고발당한 로스키우스를 성공적으로 변호함으로써 명성을 얻었다. 로스키우스 사건은 독재자 술라의 측근이 관련된 사건으로 술라의 측근이 저지른 전횡에 맞섰다. 이후 기원전 79~77년까지 아테나이와 로도스에서 수사학과 철학을 공부했으며 이때 포세이도니우스에게서도 배웠다.

기원전 75년 재무관을 시작으로 공직에 진출했으며, 기원전 70년 베레스 사건을 맡았다. 시칠리아 총독을 역임한 베레스를 재임 중 학정 혐의로 고발하여 유죄를 이끌어냈으며, 베레스를 변호한 사람은 퀸투스 호르텐시우스 호르탈루스였는데, 당시 로마에서 제일 뛰어난 변호사라는 칭송을 받던 사람을 상대로 승리함으로써 키케로는 로마 최고의 변호사 자리를 차지하게 된다. 63년에 키케로는 집정관으로 선출되었다. 원로원 의원을 배출한 적이 없는 집안에서 평지돌출(*homo novus*)로 로마 최고 관직인 집정관에 올랐다. 이 시기에 그는 자신과 집정관직을 놓고 경쟁했던 귀족 혈통의 카틸리나가 모의한 국가반역 사건을 적발하고, 그의 탄핵에 앞장선 결과로 원로원은 원로원 최후권고를 통과시켜 카틸리나를 국가의 적으로 규정했다. 이에 카틸리나는 친구들을 데리고 에트루리아에 도망쳤으나, 반역사건에 연루된 나머지 인물들은 체포되었고 키케로의 승인하에 63년 12월 5일에 재판 없이 처형되었다. 키케로는 카틸리나의 국가 반역 시도를 제압한 공로로 원로원으로부터 '국부(*pater patriae*)'라는 칭호를 얻게 되었다.

하지만 기원전 60년에 시작된 카이사르와 폼페이우스와 크라수스의 삼두정치로 키케로의 정치적 입지가 약화되었다. 게다가 기원전 58년에 호민관이 된 클로디우스 풀케르가 로마 시민을 재판 없이 처형한 자는 추방한다는 법안을 민회에 상정하며 키케로를 압박했다. 키케로는 법안이 통과되어 정식으로 추방당하기 전에 자진해서 로마를 떠나 마케도니아로 망명길에 올랐다. 이에 그의 정적들은 그를 법적으로 추방자로 만들고 팔라티움 언덕에 위치한 키케로의 저택을 불태우고 투스쿨룸의 별장에도 큰 피해를 안겼다.

이듬해 8월 4일 지지자들의 도움으로 키케로의 귀환에 관한 법률이 통과되었고, 9월 4일 키케로는 로마로 돌아올 수 있었다. 그가 입은 재산적 피해는 공적 자금으로 곧 회복되었다. 하지만 정치적 영향력은 과거와 달랐다. 공적인 활동을 접고 저술 활동에 전념한 키케로는 『연설가론(*De Oratore*)』을 기원전 55년에, 『연설문의 구성(*Partitiones Oratoriae*)』을 54년에, 『법률론(*De Legibus*)』을 기원전 52년에, 『국가론(*De Re Publica*)』을 기원전 51년에 출판했다. 그리고 53년에는 조점관으로 선출되었다.

기원전 49년 카이사르와 폼페이우스 사이의 갈등으로 내전이 발발했을 때 키케로는 앞서 기원전 51년 여름에서 기원전 50년 여름까지 킬리키아 총독으로, 49년에는 카푸아 총독으로 파견되어 로마를 떠나 있었다. 49년 3월 카이사르는 키케로를 만나 합류할 것을 권고했으나, 키케로는 이를 거절하고 그리스에 머물고 있던 폼페이우스 편에 가담했다. 48년 8월 9일 카이사르가 테살리아의 파르살루스에서 폼페이우스의 군대를 격퇴했을 때, 키케로는 카이사르에게 귀국을 허락해줄 것을 요청했고 그의 허락을 얻어 이탈리아로 돌아올 수 있었다.

귀국 이후 키케로는 로마의 중앙정치에서 완전히 밀려난 신세였고, 47년에는 30여 년을 이어온 테렌티아(Terentia)와의 결혼생활을 청산하고, 46년에는 푸블릴리아(Publilia)와 재혼했으나 곧 다시 이혼했다. 게다가 45년 1월에는 그가 더없이 사랑했던 딸 툴리아가 출산 후 사망한다. 이런 불행한 시기에 그는 믿기지 않을 만큼 놀라운 저술활동을 펼쳤다. 3년간 무려 20여 편의 작품들을 쏟아내는 괴력을 보여주었으니 말이다. 그 작품들은 다음과 같다.

기원전 46년에 『브루투스(*Brutus*)』, 『스토아 학파의 역설(*Paradoxa Stoicorum*)』, 『연설가(*Orator*)』 등이 출판되었고, 기원전 45년에 『위로(*Consolatio*)』, 『호르텐시우스(*Hortensius*)』, 『카툴루스

(*Catulus*)』, 『아카데미아 학파(*Academica*)』, 『최고 선악론(*De Finibus Bonorum et Malorum*)』, 『투스쿨룸 대화(*Tusculanae Disputationes*)』, 『신들의 본성에 관하여(*De Natura Deorum*)』 등이 출판되었다. 기원전 44년에는 『예언술(*De Divinatione*)』, 『노년론(*De Senectute*)』, 『운명론(*De Fato*)』, 『우정론(*De Amicitia*)』, 『덕에 관하여(*De Virtute*)』(단편), 『영광에 관하여(*De Gloria*)』(유실), 『의무론(*De Officiis*)』과 『토피카(*Topica*)』 등을 저술했다.

기원전 44년 3월 15일 카이사르가 암살되었다. 카이사르의 암살자들은 로마를 떠났으며 키케로는 정치무대로 복귀했다. 이때 그는 카이사르의 양자 옥타비아누스를 두둔하고, 안토니우스와 대립했다. 44월 9월 2일 카이사르의 뒤를 이은 안토니우스를 비판하는 일련의 연설을 시작했고, 43년 4월 21일까지 이어진 연설들을 우리는 『필립포스 연설(*Orationes Philippicae*)』이라고 부른다. 희랍의 유명한 연설가 데모스테네스가 마케도니아의 필립포스를 비판했던 것에서 그 명칭이 유래되었는데, 이 연설을 통해 키케로는 안토니우스를 국가의 적으로 규정하고 이를 원로원이 의결할 것과, 즉시 군대를 파견하여 안토니우스를 공격할 것을 호소했다. 그러나 기원전 43년 11월 26일 안토니우스와 레피두스와 옥타비아누스가 합의한 삼두정치를 통해 키케로는 옥타비아누스에게 배신당했다. 안토니우스 일파는 살생부를 작성하여 반대파를 숙청했으며, 이를 피해 달아나던 키케로는 그를 쫓아온 군인들에게 잡혀 죽임을 당했다. 그때가 기원전 43년 12월 7일이었다.

3. 『스토아 철학의 역설』의 주요 내용

1) 이 작품의 집필 의도(1~5절)

이 작품은 카토의 원로원 연설에 대한 격찬으로 시작된다. 그 이유는 두 가지다. 첫째, 그는 당시 관행에 어울리지 않게 철학적 주제들을 연설에 끌어들였다는 것이다(그 주제들은 본문 3절에서 언급되어 있다). 둘째, 그는 철학적 주제들을 대중이 인정할 만하게 연설한다는 것이다. 그가 이런 일을 한 것이 놀라운 까닭은 그가 스토아주의자이면서도 엄격한 논리적 추론 방식을 활용하는 스토아 학파와 달리 대중을 설득할 수 있는 수사적 논변을 펴기 때문이다.

이런 격찬을 한 후 키케로는 수사학적 논변을 펴는 연설에 의해 인정할 만하게 만들 수 없을 만큼 터무니없는 견해는 없다는 확신 아래 카토보다도 두 가지 측면에서 더 과감한 시도를 한다. 우선 그는 카토보다 주제들을 더 확장한다. 특히 그는 스토아 학파에서 학문적으로 증명해내지 못한 주제들까지 논의 주제로 삼고, 또한 그는 특정 주제들에 대해 특수하게 논하는 데 만족하지 않고 주제의 성격에 따라 일반적으로 사용될 수 있는 논변의 유형들, 즉 공통 논변의 유형(*communis locus*)들을 만들고자 했다.

키케로가 다루는 주제들은 스토아 철학의 역설들이다. 이것들은 그리스어로 '파라독사(*paradoxa*)'라 불리는데, 이것은 본래 일반적 견해에 반하는 견해라는 뜻을 갖고 있다. 그는 역설들을 한낮의 빛에, 즉 광장에 내놓고 인정받을 수 있게끔, 다시 말해 역설들을 대중들이 '인정할 만하게(*probabile*)' 만들기 위해 수사적 연설을 이용한다. 그러하여 『스토아 철학의 역설』은 철학적 역설들과 관련해 대중들을 설득하는 '수사적 연설'의 형태를 갖고 있다. 그런데 한 가지 주목할 점은 수사학에 대가인 키케로는 플라톤이 비판했던 소피스트적 수사학의 옹호자는 아니라는 것이다.

소피스트적 연설가는 진리와 무관하게 설득력 있는 것(*to pithanon*), 즉 그럼직한 것(개연적인 것, *to eikos*)에만 관심을 기울인다(여기서 그리스어 *pithanon*에 상응하는 라틴어가 바로 앞서 언급된 *probabile*이다).(『파이드로스』 272d-e) 『고르기아스』에서는 소크라테스가 연설가의 할 일과 관련해 고르기아스의 논지를 다음과 같이 정리한다. 즉 "연설술(수사술)이나 연설가(수사가)는 사실 자체가 어떤지에 대해서는 알 필요가 없고, 대신에 설득의 어떤 계책을 찾아내어 모르는 자들 앞에서 아는 자들보다 더 많이 알고 있는 것처럼 보일 수 있게 해야 한다"(459b-c)는 것이다.

그러면 『스토아 철학의 역설』에서 키케로도 역설들과 관련해 '진리와 무관하게' 단지 대중들을 설득하는 것을 목표한 것일까? 그렇지는 않아 보인다. 그는 스토아 철학의 역설들이 일반인의 견해에 반하는 것이지만 실은 '소크라테스적인 것들'이고 '정말 가장 참된 것들(*verissima*)'이라는 확신(4절)에 기초해서 대중들을 설득하고자 하는 것이기 때문이다. 또한 「역설 3」 부분에서 철학적 논변을 언짢아하는 가상의 논적에게 "아주 식견 있는 사람들이 무엇을 생각하는지"를 알아봐야 한다고 말할 뿐 아니라 "특히나 이들의 생각보다 더 참될뿐더러 사람들의 삶에 더 쓸모 있는 어떤 것도 발견될 수는 없습니다. 이들이 생각한 것보다 사람들을 온갖 불량함으로부터 더 보호해주는 어떤 힘이 있겠습니까?"라고 말하기까지 한다.(23절) 사실 그는 대중들이 인정하기 힘든 철학적 진리를 수사적 연설을 통해 대중들도 인정할 수 있도록 만들려고 한다는 점에서, 출발점부터 소피스트적 연설가들과는 다르다고 할 수도 있다.

키케로의 시도는 철학과 수사학을 결합시키려는 시도로 이해될 수도 있다. 넓게 보면 이런 시도는 플라톤이 『파이드로스』에서 제시한 '철학적 수사학' 혹은 '참된 수사학'과 맥을 같이 하는 면이 있다. 이런 점에서 보면 키케로가 역설들을 "놀이 삼아 자네를 위해 공통 논변 유형들로 만들었다”(3절)는 언급에서 ‘놀이 삼아’를 너무 강조해서 읽는 것은 부적절해 보인다. 그는 단순히 놀이로 『스토아 철학의 역설』을 썼다기보다는 오히려 과감하고 진지한 시도를 한 것으로 해석하는 것이 옳아 보인다.

끝으로 도입부와 관련해 살펴볼 점은 스토아 철학의 역설에 대해 논하는 이 작품 속에 왜 소크라테스가 언급되는가 하는 것이다. 우선 4절에서 역설들을 소크라테스적인 것들로 언급되고, 「역설 3」 23절에서 소크라테스가 언급된다. 그리고 6절의 *Stoicorum*(스토아주의자들의) 대신 *Socraticorum*(소크라테스 추종자들의)으로 읽으려는 편집자도 있다. 이렇듯 소크라테스가 언급되는 까닭은 소크라테스가 여러 역설들을 남겼을뿐더러, 그것들 중에는 스토아 철학의 역설들과 연관된 것들이 있기 때문이다. 플라톤의 대화편을 보면 대중의 견해에 반해 소크라테스가 내세운 여러 견해들이 있다. 이를테면, “세상 사람들이 좋은 것이라 부르는 것들은 좋은 것도 나쁜 것도 아니다”, “지혜만이 그 자체로 좋은 것이다”, “그 자체로 재물이나 신체보다는 영혼을 돌봐라”, “아무도 고의로 악한 행위를 하지 않는다”, “악한 행위는 무지에서 비롯된다”, “불의를 저지르기보다 불의를 당하는 것이 낫다”, “어떤 경우에도 불의를 정의롭지 않은 짓을 해서는 안 된다”, “가장 불행한 자는 불의를 저지르고도 처벌받지 않은 자이다” 등이다. 이것들 하나하나의 의미를 곱씹어보는 것도 흥미로운 일이지만 생략하기로 한다.

2) 여섯 가지 역설에 대한 철학적, 수사학적 논변

편집본들에는 전체 여섯 개의 역설 중 셋째 역설 이외의 나머지 역설들의 경우에는 각각의 역설 앞에 그리스어 제목과 라틴어 제목이 병기되어 있지만, 셋째 역설에는 그리스어 제목만 있다. 아마도 애초에는 역설들 앞에 그리스어 제목만 있었는데, 필사자들이나 편집자들이 라틴어 제목을 추가한 것으로 보인다.

키케로는 역설에 대한 연설을 시작하면서 다음과 같이 말한다. "당신들 중 누군가가 이 연설이 내 생각이 아니라 스토아주의자들의 논의에서 유래된 것으로 여기지 않을까 염려됩니다. 하지만 나는 내 생각을 말할 것이고……" 물론 이 말은 역설들 자체가 스토아 학파에서 유래한 것이라는 점을 부정하는 것은 아니다. 그가 말하고자 한 것은 역설들과 관련해 대중들을 설득하는 논변들이 자신의 독창적인 산물이라는 얘기일 것이다.

그런데 여섯 가지 역설이 다 스토아 학파의 사상들임을 확인할 수 있을까? 그것은 초기 스토아 학파의 단편모음집인 *Stoicorum Veterum Fragmenta*(이하 SVF)를 통해 거의 다 확인이 된다. 그리고 이 모음집에 있는 출전들을 추적해보면, 키케로가 주로 디오게네스 라에르티오스의 『유명한 철학자들의 생애와 사상』(이하 DL)을 참고했음을 다음 표를 통해 알 수 있다.

역설 1	SVF 3.31, 3.30 (DL 7.101)
역설 2	SVF 1.187 (DL 7.127, Fin 5.79)
역설 3	SVF 1.224 (DL 7.120)
역설 4	SVF 3.664 (DL 7.124)
역설 5	SVF 3.355 (DL 7.121)
역설 6	SVF 2.593, 3.598

첫째 역설: 오직 훌륭한 것만이 좋은 것이다.

ὅτι μόνον τὸ καλὸν ἀγαθόν.

Quod honestum sit id solum bonum esse.

1. 6~15절에서는 무엇이 좋은 것인가 하는 문제를 다룬다. 이 문제는 스토아 학파에서 많이 논의된 것이다. 이 학파에 의하면 존재하는 것들 가운데 어떤 것들은 좋고 어떤 것들은 나쁘며 어떤 것들은 둘 중 어느 것도 아니다. (1) 덕들, 즉 분별, 정의, 용기, 절제 등은 좋은 것들이고, (2) 그 반대의 것들, 즉 무분별, 부정의 등은 나쁜 것들이다. 그리고 (3) 이롭게 하지도 해롭게 하지도 않는 것들은 둘 중 어느 것도 아니다. 이를테면 삶, 건강, 쾌락 아름다움, 힘, 부, 명성, 높은 출생 신분 등과 이

것들과 반대되는 것들, 즉 죽음, 병, 고통, 추함, 허약, 가난, 악명, 낮은 출생 신분 등이 그러하다. 이것들은 좋게도 나쁘게도 사용될 수 있는 것들이다. 그런데 좋게도 나쁘게도 사용될 수 있는 것은 좋은 것이 아니다.(DL 7.101-3)

2. 스토아 학파에서는 이런 식의 논의가 있었으나, 키케로는 이에 만족하지 못하고 나름대로 철학적인 논변과 수사학적인 논변을 펼치고자 한다. 우선 그는 7~9절에서 세상 사람들이 좋은 것이라고 여기는 돈, 집, 재산, 권력과 같은 것도 쾌락도 좋은 것들이 아님을 밝히기 위해 다음과 같은 논변을 펼친다.

(1) 사람들은 그런 것들을 아무리 넘치게 가져도 욕구가 충족되지 않아 여전히 그것들을 몹시 탐한다. 그리하여 그들은 이것들을 증대시키려는 욕구와 상실에 대한 두려움으로 고통을 겪는다.(6절)
(2) 좋은 것을 가지면 좋은 사람이 된다. 그런데 그것들을 넘치게 갖고도 선량하지 않은 사람이 있는가 하면, 그것들을 갖지 않고도 선량한 사람들이 있다.
[그러므로 그것들은 좋은 것이 아니다.](생략된 결론)(7절)

키케로는 이 논변을 통해 세상 사람들이 좋은 것이라고 말하는 것들이 좋은 것이 아님을 밝힌 후, "그러면 무엇이 좋은 것인가?” 하는 물음에 대해 조건 명제 하나를 제시한다.

> (3) 만일 올바르고 훌륭하고(*honeste*) 덕스럽게 행해지는 것(행위)이 잘(*bene*) 행해지는 것이라면, 오직 올바르고 훌륭하고(*honestum*) 덕스러운 것만이 좋은 것(*bonum*)이다.(9절)

현대 논리학에서는 조건명제와 논변(논증)을 엄격히 구분하지만, 이 조건 진술을 하나의 논변처럼 이해할 수도 있다. 웹(Webb)은 이 연역은 부당하다고 평가한다. “모든 훌륭한 행위는 좋은 것이다”에서 “모든 좋은 행위는 훌륭한 것이다”를 도출할 수는 없다는 것이다.(1985, 43쪽) 그의 평가는 두 가지 측면에서 살펴볼 필요가 있다. 그 하나는 그는 전제도 결론도 다 행위에 대한 진술로 보고 있는데, 전제에는 *facere* 동사의 수동형 *fit*나 *fieri*를 사용하여 행위에 대해 진술한 것이지만, 결론은 전제에서 부사형으로 쓰인 *honeste*와 *bene*를 중성 명사 *honestum*과 *bonum*으로 바꾸어 ‘훌륭한 행위’보다는 행위를 훌륭하게 만들어주는 ‘훌륭함’에 대해 논하는 것으로 보는 것이 적절할 것이다.

또 하나 살펴볼 점은 웹이 결론에서 ‘오직 *honestum*만이 *bonum*이다’라는 진술을 ‘(모든) *bonum*은 *honestum*이다’로 바꾼 것이다. 물론 논리적으로 이 진술 전환 자체는 문제가 없다. 그러나 그가 한 가지 간과한 점은 스토아 학파에서 "좋은 것(*to agathon*)이 훌륭한 것(*to kalon*)과 같은 의미를 갖는다(*isodynamein*)"(DL 7.101)는 것이다. (*to agathon*과 *to kalon*의 라틴어 번역어가 *bonum*과 *honestum*이다.) 그러니까 "모든 좋은 것은 훌륭한 것이고 그 역도 성립한다는 것이다."(Galli, 67)

그러면 조건 진술 (3)을 논증으로 볼 경우 타당할까? 논리적으로 타당하게 보이지 않을 수 있지만 생략된 전제들을 보충하면 타당한 것으로 볼 수도 있다. 혹은 타당하지 않더라도 결론이 참일 개연성은 상당히 있다. 키케로는 훌륭하게(훌륭함에 의해) 행해지는 행위가 잘 행해지는 것이라면, 그 행위를 가능하게 한 훌륭함(훌륭한 것)이 좋은 것이라는 것이고, 좋은 것의 외연에서 다른 요소들을 배제하기 위해 훌륭함만이 좋은 것이라는 진술을 결론으로 제시한 것으로 보인다.

그러면 '올바르고 훌륭하고(*honestum*) 덕스러운 것'은 무엇을 가리키는 것일까? 우선 '덕스러운(*cum virtute*) 것'이란 표현도 있어서 그것이 덕에 따른 행위를 가리키는 것처럼 보이기도 한다. 하지만 전제에서 '올바르고 훌륭하고 덕스럽게 행해지는 것'이란 표현으로 덕스러운 행위를 나타냈으므로, 문제의 표현은 그런 행위를 가능하게 하는 덕을 가리키는 것으로 볼 수 있다. 더욱이 스토아 학파에서는 그리스어 *to kalon*에 상응하는 용어인 *honestum*(훌륭한 것)이 *virtus*와 동의어로 쓰이곤 한다는 점과 아울러, 10~15절을 보더라도 「역설 1」에서 키케로는 덕만이 좋은 것임을 밝히고자 한다는 점에 유의할 필요가 있다. 앞서 존재하는 것들의 세 종류에 대해 설명한 부분에서 알 수 있듯이 덕들만이 좋은 것이라는 것이 스토아 학파의 기본 입장이다.

여전히 '덕스러운(*cum virtute*) 것'이란 표현을 문제 삼을 수도 있다. 이것을 '덕스러움'으로 이해하면 문제가 완화될 수 있을 것 같다. '정의'의 덕을 '정의로움'으로, '지혜'를 '지혜로움'으로 혹은 '경건'을 '경건함' 등으로 표현하듯이 말이다. 혹은 DL 101에서 "훌륭한 것은 덕과 덕에 관여하는 것이다"라는 말이 나오는데, 여기서 '덕스러운 것'은 '덕에 관여하는 것'에 상응하는 것으로 볼 수도 있겠다.

키케로는 6~9절에서 "무엇이 좋은 것인가" 하는 문제와 관련 비교적 철학적인 논변을 편 후, "너무 냉정하게 논의되면 꽤 따분하게 여겨질 수 있다"고 말하며 11~13절에서 로마 역사 속의 위대한 인물들의 삶과 행적을 거론하며 감정에 호소하는 수사적 연설을 시도한다. 이 부분은 로마의 역사를 되돌아보는 흥미로운 부분이다. 이와 관련해서 정리해보고 평가하는 것은 독자가 어렵지 않게, 그리고 흥미롭게 할 수 있는 일이라 여겨진다.

키케로는 14~16절에서 쾌락이 가장 좋은 것, 즉 최고선이라는 주장을 반박한다. 그는 이 주장은 인간들의 소리가 아니라 가축들의 소리이고, 가장 신적인 영혼을 부여받은 인간으로서 자기 비하를 하는 것이라고 역설한다. 그리고 쾌락은 그것의 소유자를 더 좋게 만들지 못하는 것이므로 좋은 것이 못 된다고 말한다.

둘째 역설: 덕은 행복을 위해 자족적인 것이다.
ὅτι αὐτάρκης ἡ ἀρετὴ πρὸς εὐδαιμονίαν.
In quo virtus sit, ei nihil deesse ad beate vivendum.

1. 그리스어 제목은 "덕은 행복을 위해 자족적인 것이다"라는 것이고, 라틴어 제목은 "덕 있는 자에게는 행복하게 사는 데 부족한 것이 없다"는 것이다. 그러면 여기서 '자족적이다' 혹은 '부족한 것이 없다'는 무엇을 뜻하는 것일까? 그것은 덕이 행복을 위한 필요충분조건이라는 것이다. 이런 입장은 초기 스토아 학파에 속하는 제논(Zenon, 기원전 약 336~264년)과 크뤼시포스(Chrysippos, 기원전 약 280~206년)의 입장이다. 중기 스토아 학파에 속하는 파나이티오스(Panaitios, 기원전 180~110년)와 포세이도니오스(Poseidonios, 기원전 135~51년)는 덕이 자족적이지는 않고, 건강, 재원, 힘도 필요하다고 한다.(DL 7.128) 후기 스토아 학파에 속하는 세네카(Lucius Annaeus Seneca, 기원후 65년 사

망)는 이 책의 「부록」에 수록한 「도덕서한」 87.11에서 다음과 같이 말한다. “이제 나는 덕과 관련해 우리 학파에서 나온 아직은 아주 적은 수의 추론(논증)들을 당신에게 전해주려 하는데, 우리는 덕이 행복한 삶을 위해 자족적인 것이라고 주장한다.” 마지막 구절에서 덕과 행복에 관한 세네카의 견해를 알 수 있다.

2. 키케로는 덕이 행복을 위해 자족적인 것이라는 입장, 즉 덕이 행복을 위한 필요충분조건이라는 입장을 수사적 연설을 통해 정당화하고자 한다.

(1) 마르쿠스 레굴루스는 카르타고인들에 의해 가혹한 고문을 당했지만 비참하거나 불운하거나 불행한 사람이 아니었다. 그의 의연함을 비롯한 여러 덕들이 그의 영혼을 보호하고 수행했기 때문이다.(16절)
(2) 가이우스 마리우스는 순탄한 환경에서는 운좋은 사람들 중 한 사람이었고, 역경 속에서 아주 위대한 인물들 중 한 사람이었으며, 이는 필멸하는 자에게 더없는 행복이다.(16절)
(3) 덕 있는 사람, 즉 전적으로 자신에게 의지하고 자신의 모든 것을 오직 자신에게만 맡기는 이는 누구든 가장 행복하지 않을 수 없다.(17절)
(4) 키케로는 운의 경박함도 정적들의 불의도 자신을 뒤흔들 수 없는 그런 성품을 갖추었다고 자부한다. 그래서 사형도 추방형도 위협이

되지 않는다고 말한다. 사형은 목숨을 잃음으로써 모든 것을 잃을 자들에게 겁나는 것이다. 그리고 추방형은 거주지의 반경이 제한된 자들에게나 겁나는 것이지, 세상 전체가 하나의 나라라고 여기는 자들에게는 겁나는 것이 아니다.(17~18절)

(5) 다른 한편 덕을 갖추지 못한 사람의 경우 온갖 불행과 고난이 그를 짓누른다. 그는 자신이 가진 것에 만족하지 못하고 그것이 오래 가지 않을까 봐 겁을 내서 그의 욕망이 시달리고 그 자신은 밤낮으로 고역을 겪는다. 그리고 잘못된 행위에 대한 죄의식이 그를 찔러대고 재판과 법률에 대한 두려움이 그의 진이 빠지게 한다. 또한 그는 자신의 불의에 의해 자신이 공격을 받는 일을 겪게 된다.(18절)

(6) 결국 불량하고 어리석고 나태한 어떤 자도 잘 지낼 수 없듯이, 선하고 현명하고 용감한 어떤 사람도 불행할 수 없다. ① 찬양받아 마땅한 덕과 성품을 갖춘 사람의 삶은 찬양받아야 하고, ② 찬양받아 마땅한 삶이 회피되어서는 안 된다. 따라서 ③ 찬양받을 만한 것이 무엇이든 그것 또한 행복하고 번창하는 것이고 추구할 만한 것이다.(19절)

(6)의 내용으로 「역설 2」를 마치는데, 여기서 ①과 ②로부터 ③을 도출하는 논변을 펴고 있다. 그런데 ①과 ②로부터 직접적으로 도출될 수 있는 것은 **'찬양받아 마땅한 덕과 성품을 갖춘 사람의 삶은** 회피되어서는 안 된다'이다. 하지만 키케로는 결론에서 '찬양받아 마땅한 덕과 성품을 갖춘 사람의 삶'에 대해서 언

급하지 않고 중성 표현을 써서 '찬양받을 만한 것'에 대해 말한다. 이를 이해하려면 논증의 대상이 되는 명제인 「역설 2」는 "덕은 행복을 위해 자족적인 것이다"라는 점을 상기할 필요가 있다. 그러니까 키케로는 ③에서 덕과 행복의 관계에 대해 언급하는 것이 필요하다고 생각했을 것이다.

결국 ③에서 '찬양받을 만한 것'은 덕을 가리키고, '행복하고 번창하는 것'이란 표현은 '행복과 번창을 가져오는 것'이라는 의미로 새기는 것이 적절하다. 즉 ③을 충분하게 표현하면 '찬양할 만한 덕과 성품은 행복과 번창을 가져오는 것이며 추구할 만한 것이다'가 결론으로 적절하다는 것이다.

셋째 역설: 죄들도 동등하고 올바른 행위들도 동등하다.

ὅτι ἴσα τὰ ἁμαρτήματα καὶ τὰ κατορθώματα.

recte facta omnia aequalia, omnia peccata paria.[2]

1. 디오게네스 라에르티오스는 이 역설과 관련된 제논의 언급을 들려준다.

2 라틴어 제목이 빠져 있으나 『최고 선악론』 4.55에 있는 구절로 보충한 것이다.

"그들(스토아주의자들)에 의하면, 죄들은 다 동등하다고 여겨야 한다. 왜냐하면 참이 참보다 더 참되지도 않고, 거짓이 거짓보다 더 거짓되지도 않다면, 기만이 기만보다 더 기만적이지도 않고, 죄가 죄보다 더 죄인 것도 아니기 때문이다. 또한 카노보스에서 100미터 떨어져 있는 사람과 1스타디온 떨어져 있는 사람은 똑같이 카노보스에 없기 때문이기도 하다. 그렇듯이 더 많이 죄를 저지른 사람이나 더 적게 죄를 저지른 사람이나 똑바르게 행동하는 사람에 들지 않기는 마찬가지이기 때문이다."(DL 7.120–121) 세네카도 『도덕 서한』 66.3에서 "덕들은 서로 동등하다"고, 113.16에서는 "당신들이 말하듯이, 모든 덕은 동등하다"고 말했다. 키케로의 『연설론』 3.55에서도 "모든 덕은 같고 동등하다(*aequales et pares*)"는 언급을 볼 수 있다.

2. 그러면 키케로는 "죄들도 동등하고 올바른 행위들도 동등하다"는 스토아 철학의 역설을 어떻게 인정할 만하게 만들고자 했는지 살펴보자.

(1) 죄는 결과나 사건의 규모가 아니라 행위자의 악덕에 의해 평가되어야 한다. 키잡이가 금을 실은 배를 전복시키든 여물을 실은 배를 전복시키든 그의 미숙함에서는 아무런 차이가 없듯이, 귀족 신분이든 아니든 여인을 범한다면 그 죄가 덜하거나 더하게 되는 것은 아니

다.(20절)

(2) 죄를 저지르는 것은 마치 선을 넘는 것과 같다. 일단 선을 넘으면 얼마나 멀리 나아가는지는 선을 넘어선 잘못을 더 커지게 하는 것과 전혀 관계가 없다.(20절)

(3) 덕들이 서로 동등하다면, 악덕들도 동등하다는 것이 필연적이다. 덕들이 동등하다는 것은 이를테면 좋은 사람보다 더 좋게 되거나 절제 있는 사람보다 더 절제 있게 될 수는 없다는 것이다.(21절)

(4) 덕은 하나이며, 덕에는 정도가 없다. 영혼의 비뚤어짐이 악덕이라 불리는 것이 옳다면, 영혼이 비뚤어진 상태는 덜 비뚤어지든 더 비뚤어지든 악덕들은 동등하다.(22절)

(5) 덕들은 동등하므로, 올바르게 행해진 것들도 덕들에서 나오니까 동등할 수밖에 없다. 마찬가지로 죄들도 악덕들에서 흘러나오니까 필연적으로 동등하다.(22절)

(6) 가상의 논적이 철학적 논변이 펼쳐지는 것을 언짢아하고, 키케로는 그런 논변이 왜 필요한지를 설명한다. 키케로는 아주 식견 있는 사람들의 생각보다 더 참될뿐더러 사람들의 삶에 더 쓸모 있는 어떤 것도 발견될 수는 없다고 말한다.(23절)

(7) 모든 죄가 동등하다면, 아버지 살해든 노예 살해든 아무런 차이가 없는가? 행위의 성격이 아니라 동기를 주목해봐야 한다. 자신의 부모들이 노예로 살기보다는 자유인으로 죽기를 바란 사군툼 사람들을 범죄자로 봐서는 안 된다.(24절)

(8) 죄와 관련해 다음과 같은 차이는 있다. 노예를 죽일 경우 하나의 죄를 저지르는 것이지만, 아버지의 목숨을 해치는 경우에는 여러 죄를 저지르는 것이다. 낳아준 분, 길러준 분, 가르쳐준 분 등을 죽이는 것이다. 따라서 친부살해는 죄의 수에서 두드러지고, 이 점에서 큰 벌을 받을 만하다.(25절)

(9) 하지만 우리는 삶에서 각각의 죄에 어떤 처벌이 있는지가 아니라, 각자에게는 얼마만큼 허용되는지, 즉 허용의 한도를 살펴봐야 한다. 허용의 한도를 넘어서는 것은, 20절에서 언급되었듯이, 선을 넘는 것과 같은 것이기 때문이다.(25절)

(10) 어떤 죄를 저지르든 죄를 저지르면 원칙과 질서가 흔들리고, 일단 원칙과 질서가 흔들리면, 어떤 것도 덧보태질 수 없을 만큼 큰 죄를 저지르는 것으로 보인다.(26절)

3. "모든 죄는 동등하다"는 「역설 3」과 관련해서는 키케로가 정말 이것을 수용하는 것이지 논란이 된다. 왜냐하면 그는 부록에 수록한 「무레나 변호 연설」 60~66에서, 그리고 『최고 선악론』 4.74~77에서 「역설 3」을 비판하기 때문이다. 저술 시기를 보면 키케로는 「무레나 변호 연설」(기원전 63년), 『스토아 철학의 역설』(기원전 45년), 『최고 선악론』(기원전 45년) 순서로 저술했다. 우선 『스토아 철학의 역설』은 「무레나 변호 연설」보다 이후의 작품으로서 이 작품보다 더 진전된 견해를 담고 있으므로

「무레나 변호 연설」에서의 문제 제기는 해소된 것으로 보아도 좋다. 그리고 키케로가 『최고 선악론』에서 부모 매질과 노예 매질을 동등한 죄라고 볼 경우에 생기는 문제로 지적한 것은 『스토아 철학의 역설』 24~25절의 논의에서 이미 해소된 것으로 볼 수 있다. 『최고 선악론』에서는 이미 논의된 것들을 세세하게 다시 논의하는 것을 피하고 상식적 차원에서 생각해볼 문제를 제기한 것으로 보인다.

넷째 역설[3]: 어리석은 자는 모두 미쳐 있다.

ὅτι πᾶς ἄφρων μαίνεται.

Omnis stultos insanire.

1. 디오게네스 라에르티오스는 스토아 학파 사람들이 "어리석은 사람은 모두 미쳐 있다. 그들은 분별이 없고 어리석음과 똑같은 광기(*mania*)에 따라 모든 일을 행하기 때문이다"(DL

3 이 역설에서는 귀족 출신의 로마 군인이며 도덕적 타락으로 악명이 높은 클로디우스(Publius Clodius Pulcher, 기원전 93~52년)를 비판하는 내용이 주를 이룬다. 클로디우스는 집정관직을 놓고 키케로와 경쟁을 한 바 있고 키케로의 추방을 위한 법안을 통과시켰던 인물이다.(이와 관련해서는 주 56 참고) 그의 일행이 로마로 가던 중 밀로(Milo) 일행과 마주치게 되는데, 이때 클로디우스는 밀로의 추종자들에 의해 살해당한다.

7.124)라고 말한다고 한다.

넷째 역설은 ① "어리석은 자는 모두 미쳐 있다"로 되어 있는데 비해 실제로는 주로 다음 두 가지 역설에 대한 연설이 이루어진다. 즉 ② 모든 어리석은 사람은 추방자들이다. ③ 현자는 불의의 희생자가 될 수 없다.(Lee, 59–60) 이 두 가지 추가적 역설은 사실상 「역설 2」에서 다룬 내용과 긴밀한 관계가 있다. 그러면 「역설 4」와 이 두 가지 추가 역설들 사이의 관계는 어떻게 보아야 할까? 키케로는 "어리석은 자는 모두 미쳐 있다"를 인정하는 바탕 위에 두 가지 추가 역설들을 덧붙인 것으로 볼 수 있다.(Wallach, 172–5)

그런데 키케로가 '당신'이라 칭하며 연설을 통해 비판하는 대상은 누구일까? 브루투스도 일반 독자도 아니다. 그가 누구인지 이름을 밝히지 않지만, 그는 귀족 출신의 로마 군인이며 도덕적 타락으로 악명이 높고 키케로의 정적이었던 클로디우스(Publius Clodius Pulcher, 기원전 93~52년)이다. 키케로는 「역설 4」 부분에서 클로디우스를 시종일관 비판한다. 클로디우스는 집정관직을 놓고 키케로와 경쟁을 한 바 있고 키케로의 추방을 위한 법안을 통과시켰던 인물이다.

2. 그러면 키케로는 어떻게 이 역설들을 대중들이 인정할 만하게 만들고자 했는지 살펴보자.

(1) 당신이 종종 어리석긴 해도 당신을 어리석은 자라거나 늘 불량하긴 해도 불량한 자라고 하지 않고 정신 나간 자(*demens*)라고 나는 부른다.(27절)

(2) 현자의 영혼은 뜻의 위대함으로, 인간사에 대한 인내심으로, 운에 대한 경멸로, 요컨대 방벽과도 같은 온갖 덕으로 둘러싸여 있어서 정복당하거나 굴복당하지 않는다.(27절)

(3) 현자의 혼은 국가에서 추방될 수조차 없다.

국가답지 않은 국가는 국가가 아니다. 이를테면 강도들의 국가, 법도 관습도 무력하게 된 국가, 정무관들이 강제추방되고 원로원의 이름도 남아 있지 않았던 국가는 국가가 아니다. 저 도적떼, 당신이 두목으로서 광장에서 조직한 강도단, 카틸리나의 광기(*Furia*)에 의해 당신의 범죄와 광기(*furor*) 쪽으로 관심을 돌린 역모의 잔당은 국가가 아니었다.(27절) 따라서 나는 국가로부터 추방당한 것이 아니다. 국가는 없었으니 말이다.(28절)

(4) 나는 불의를 당하지 않는다.

당신은 나의 집을 파괴하고 불지르는 등의 불의를 저질렀지만 내게 아무런 영향도 미치지 못했다.

만일 당신이 내게서 나의 영혼의 신적인 항심을, 당신이 극렬거부해도 나의 노력과 정책으로 공화국이 존립한다는 나의 인식을, 당신이 이 영원한 공로에 대한 불멸의 기억을, 게다가 이 정책들이 흘러나온 나의 정신(*mens*)까지도 내게서 탈취했더라면, 나는 불의를 당하게 될 것이다. 하지만 당신은 이것들을 하지도 않았고 할 수도 없었다. 그러므로 나는 불의를 당하지 않았고 오히려 당신의 불의는 나에게 불행한 떠남(추방)이 아니라 영광스런 귀환을 베푼 셈이다.(29절)

(5) 나는 추방자가 아니고 늘 시민이었지만, 당신은 시민이 아니라 추방자이다.

같은 사람이 적이면서 시민일 수는 없다면, 당신은 분명 지금 시민이 아니다. 시민과 적은 출생과 거주지가 아니라 영혼과 행위에 의해 구분해야 한다.(29절)

당신은 광장에서 살육을 했고, 무장 강도들로 신전들을 장악하고, 개인들의 집과 신성한 건물들에 불을 질렀다. 당신이 시민이라면 스파르타쿠스가 적일 수 없다. 다른 한편 당신 때문에 한때 국가가 존재하지 않았으니, 당신은 시민일 수 없다.

다른 한편 모든 이들이 내가 떠났을 때 오히려 공화국이 추방된 것이라고 여겼음에도, 당신은 당신의 이름(추방자)으로 나를 부른다. 추방은 범죄에 대한 처벌이지만, 나의 저 여행(추방)은 내가 행한 아주 뛰어난 업적 때문에 감수하게 된 일이다.(30절)

당신의 부하들인 불경한 범죄자들이 추방형에 처해지는 걸 법률이 원하므로, 그들은 영토에 머물러 있어도 추방자들이다. 그리고 당신은 모든 법률이 '추방자'로 규정하니, 당신의 적이 당신을 그렇게 부를 것이다.(31절)

당신을 추방자로 규정할 일반법들뿐 아니라 당신에게만 적용되는 특별법도 있다. 당신의 절친한 친구[4]가 제안한 특별법도 있다. 즉 당신이 보나 데아의 은밀한 곳에 들어간 적이 있다면 당신을 추방한다는 법 말이다. 당신은 자신이 그 짓을 했다고 심지어 자랑하기까지 하니, 당신은 많은 법률에 의해 추방형에 처해진 셈이다.(32절)

다섯째 역설: 오직 현자만이 자유롭고, 모든 어리석은 자는 노예다.

ὅτι μόνος ὁ σοφὸς ἐλεύθερος καὶ πᾶς ἄφρων δοῦλος.

Omnis sapientis liberos esse et stultos omnis servos.

1. 이 역설과 가장 가까운 것은 디오게네스 라에르티오스의 "현자만이 자유롭고 하찮은(*phaulos*) 사람들은 노예들이다"이다.(DL 7.121) 여기에서는 「역설 5」에서의 '모든 어리석은 자(*pas aphrōn*)' 대신 '하찮은(*phaulos*)'이 쓰였다. 그러나 사실상 같은 진술로 볼 수 있고, 똑같이 영어 '*only*'에 해당하는 *monos*가 쓰여 "오직 현자만이 자유롭다"로 번역할 수 있게 되어 있다. 이런

4 기원전 61년에 집정관이었던 마르쿠스(Marcus Pupius Piso)가 원로원에서 그런 제안을 했다.

예는 SVF 3.603, 3.604에서도 볼 수 있다. 그런데 라틴어 제목은 다르다. 그것은 "모든 현자는 자유롭고, 모든 어리석은 자는 노예다"로 옮길 수 있다. 여기에는 *monos*에 해당하는 용어가 없다. 그러니까 역설이 다음과 같이 달리 표현된 것이다.

오직 현자만이 자유롭고, 모든 어리석은 자는 노예다.

모든 현자는 자유롭고, 모든 어리석은 자는 노예다.

앞부분만 보면 앞엣것은 현자가 자유인이 되기 위한 필요조건으로 표현된 것인 데 반해, 뒤엣것은 현자가 자유인이 되기 위한 충분조건으로 표현되었다. 그러면 어떤 것이 스토아 학파의 입장일까? 자유인이 되는 데 현자가 충분조건이라면 현자 아닌 사람도 자유인이 될 가능성을 남긴다. 다른 한편 현자가 단지 필요조건이라면 현자라고 해서 자유인이라고 단정할 수 없게 된다. 즉 자연과학자라는 것은 물리학자이기 위한 필요조건이지만 자연과학자라 해서 물리학자라 단정할 수 없는 것과 같이 말이다. 그런데 33절 맨 끝에 "현자가 아니라면 누구도 자유롭지 않다"는 언급이 나오는데, 이 언급은 그리스어로 표현된 역설, 즉 "현자만이 자유롭다"와 같이 현자를 필요조건으로 언급한 것이다.

그러면 현자는 자유인이기 위한 필요조건이고, 따라서 현자들 중에는 자유롭지 않은 사람도 있을 가능성을 열어두어야 할까? 이 문제를 해결하는 데는 물에 빠진 사람의 비유가 좋은 실마리를 제공해줄 것 같다. 키케로는『최고 선악론』3.48에서 덕과 관련해서 스토아 학파의 견해를 다음과 같이 설명한다. 물에 빠진 사람은, 수면 밖으로 머리를 내놓을 수 없는 한, 물속 깊이 있을 때보다 수면에 가까이 있다고 해서 더 많이 숨을 쉴 수 있는 것이 아니듯, 덕의 획득에 어느 정도 진전을 본 사람이 전혀 진전을 보지 못한 사람보다 전혀 '덜 불행할 것도 없다'고 한다. 이 비유를 통해 알 수 있는 것은 지혜를 비롯한 덕들에는 정도의 차이가 없다는 것이다. 그러니까 더 지혜롭고 덜 지혜롭다거나 더 용감하고 덜 용감하다고 할 수 없다는 것이다. 다시 말해 지혜로움과 어리석음 사이에는 중간이 없다는 것을 뜻한다. 그러면 자유의 경우는 어떤가? 자유인은 자유, 즉 자유인다움을 덕으로 가져야 하고 노예는 예속성, 즉 노예다움을 덕으로 가져야 할 것이다. 그렇다면 다른 덕과 마찬가지로 자유의 정도나 예속성의 정도를 스토아 학파에서는 상정하지 않았을 것이다. 그러니까 자유와 노예의 관계도 제삼의 것이 상정되지 않는 모순관계로 보아야 할 것이다.

그러면 여기서 어떤 결론이 도출될 수 있을까? "현자만이 자유인이다"라는 진술은 누군가가 현자이지만 자유인이 아닐 가능성을 남겨두는 것일까? 그렇지는 않다. 현자가 자유인이 아니라면 현자는 노예일 텐데, 이것은 성립할 수 없는 것이다. 그러니까 현자라면 자유인이라고, 즉 현자라는 것은 자유인이 되기 위한 충분조건도 된다고 할 수 있다. 결국 오직 현자만이 자유인이라는 진술은 현자는 자유인이고 자유인은 현자라는 필요충분조건 관계를 나타내는 불완전한 표현이라고 보아야 할 것이다. 이렇게 볼 때 「역설 5」뿐 아니라 이미 살펴본 「역설 1」에서, 그리고 「역설 6」에서 쓰인 '오직 ~만이(*monos*)'는 필요충분조건을 나타내는 불완전한 어구로 보는 것이 적절하다.

2. 그러면 키케로는 어떻게 "현자만이 자유롭다"는 역설을 대중이 인정할 만한 견해, 즉 설득력 있는 견해로 만드는지 살펴보자.

> (1) 자유인들을 지배하려면, 자신의 욕망을 억제하고 쾌락을 멸시하고 격노를 제어하고 탐욕을 통제하고, 추함과 수치스러움에 순종하길 멈추어야 한다. 그것들에 복종하는 동안에는 다른 사람을 지배하기는커녕 자유인이 될 수도 없다.(33절)
>
> (2) 자유란 무엇인가? 원하는 대로 살 수 있는 힘이다. 그러면 누가 원하는 대로 사는가? ① 오직 올바른 것들을 추구하는 사람만이, ② 의무를 즐기는 사람만이, ③ 삶의 방식을 숙고하고 설계하는 사람만이, ④ 두려움 때문에 법률에 복종하는 것이 아니라 그것을 준수하고

존중하는 것이 이롭다고 판단해서 준수하는 사람만이, ⑤ 기쁘게 그리고 자유롭게 하는 것이 아닌 한 아무 말도 아무 행위도 하지 않고 아무 생각조차 하지 않는 사람만이, ⑥ 그의 모든 계획과 모든 실행을 시종일관 스스로 감당하는 사람만이, 그리고 ⑦ 운명의 여신조차도 굴복시키는 사람만이 원하는 대로 사는 것이다. 어떤 일도 비자발적으로나 괴로워하면서나 강제적으로 하지 않는 것은 오직 현자에게만 일어나는 일이다.(34절)

(3) 모든 불량한 사람은 노예들이다. 유약하고 비굴하며 자신의 자유재량을 결여한 영혼의 복종 상태에 있다는 것이다. 모든 경박한 사람, 모든 욕심 많은 사람, 그리고 요컨대 모든 불량한 사람이 노예이다.(35절)

(4) 여인이 제정해주는 법에 따르고 여인의 명령을 받고 제지를 받으며 아무 이의도 제기할 수 없고 감히 아무것도 거부하지 못하는 남자도 자유롭지 않은 노예이다.(36절)

(5) 예술작품과 웅장한 집 등에 지나치게 기쁨을 느끼는 사람들도 노예들과 같다. 그들이 국가의 주요 인물들이라 해도 그들은 자신들의 동료 노예들 사이에서조차 주요 인물들이 아니다. 이를테면 아에티온의 그림이나 폴뤼클레이토스의 어떤 조각상을 바라보고 경탄하고 탄성을 지르는 자를 나는 온갖 어리석음의 노예라고 판단한다.(37절) 누군가가 코린토스산 작은 단지를 아주 탐욕스럽게 다루는 것을 루키우스 뭄미우스가 본다면, 그는 그자가 탁월한 시민이라고 생각하겠는

가?(38절)

(6) 금전욕 때문에 지극히 가혹한 노역의 어떤 조건도 마다하지 않는 자들도 노예 상태에 있다.(39절)

(7) 자유인에게 더 어울리는 것으로 보이는 저 욕구, 즉 공무와 군사적 지휘, 그리고 속주 통치 관련 권력의 욕구에 꼼짝 못하고 지배받는 사람도 노예이다.(40절)

(8) 죄의식에서 생긴 공포심을 느끼는 상태는 정말 불행하고 가혹한 노예 상태이다. 심판인은 범죄자들에게 공포심을 심어주는 지배력을 갖는다. 모든 두려움은 노예 심리다.(40절)

(9) 루키우스 크라수스는 연설에서 "우리를 노예 상태에서 구해주시오"라고 얘기한다. 하지만 그는 "당신들 전체에게가 아니라면" 말을 덧붙인다. 그는 "어떤 사람들에게는 우리가 노예살이할 수 있고 그렇게 해야 한다"는 것이다. 하지만 진정 우리가 탁월하고 고매하며 덕으로 성을 쌓은 영혼을 가지고 있다면, 우리는 그렇게 해선 안 되고 그렇게 할 수도 없다.(41절)

여섯째 역설: 오직 현자만이 부자이다.

ὅτι μόνος ὁ σοφὸς πλούσιος.

Quod solus sapiens dives.

1. 이 역설과 정확하게 일치하는 진술을 담고 있는 출전으로는 섹스투스 엠피리쿠스의 『학자들에 대한 반박(*Adversus Mathematicos*)』(11.170)을 들 수 있다. 그리고 정확히 일치하는 것은 아니지만 같은 취지의 언급을 스토바이우스의 『선집(*Eklogai*)』(2.104.14 W.)에서 볼 수 있다. 여기서는 스토아 학파 사람들의 사상을 소개하면서 "좋은(*agathon*) 사람이 진실로 부자이다" 혹은 "오직 훌륭한(*spoudaion*) 자만이 부자이다"라는 역설을 전해준다. 또한 키케로는 『최고 선악론』 4.3.7에서 "현자만이 왕, 독재관, 부자이다"라는 스토아 학파의 견해를 전해준다. 세네카(Lucius Annaeus Seneca, 기원전 4년~기원후 65년)는 부유한 현자와 부유한 어리석은 사람 사이의 차이가 아주 크다고 말한다. "현자에게는 부가 노예이지만, 어리석은 자에게 그것이 주인이기 때문이다. 현자는 부의 가치를 전혀 인정하지 않지만, 당신들에게 부는 모든 것이다."(Seneca, 『행복한 삶에 관하여(*De Vita Beata*)』, 26.1)

「역설 6」 42~49절에서 키케로는 이름을 거명하지는 않지만 직접적으로 마르쿠스 크라수스(Marcus Licinius Crassus, 기원전

115년경~53년)를 주된 비판의 대상으로 삼는다. 키케로가 그를 비판 대상으로 설정한 것은 그가 정적일뿐 아니라 온갖 방법을 동원해 당대 최고의 부자가 된 인물이기 때문이다. 그는 마리우스(Gaius Marius)와 킨나(Lucius Cornelius Cinna)에 대한 술라의 재산몰수와 판매 공고 때 그들의 큰 재산을 헐값에 취득했고, 또한 노예 매매, 은광 사업, 부동산 투기, 불타거나 망가진 집 매입 등으로 거부가 되었다.

2. 그러면 키케로가 왜 현자만이 부자라고 보았는지 살펴보기로 한다. 이 역설도 필요조건을 나타내는 듯이 표현했지만 현자와 부자는 필요충분조건 관계에 있다고 보는 것이 적절할 것이다. 물론 부자란 세속적인 의미에서 말하는 것은 아니다.

(1) 당신은 돈과 관련해서 크게 뽐내는데 당신은 부자가 아니고, 오히려 가난하기조차 할지 모른다. 누가 부자인가? 자유인답게 사는 데 쉽게 만족할 만큼 소유하고 있는 사람, 즉 더 아무것도 필요하지 않고 더 아무것도 추구하지 않고 더 아무것도 갈구하지 않는 사람이 부자이다.(42절)

(2) 당신이 부유한지 여부는 사람들의 이야기나 당신의 소유물이 아니라 당신의 영혼이 판단하는 것이 적절하다. 만일 돈에 대한 열망으로 당신이 어떤 돈벌이도 수치스럽지 않다고 여긴다면, 만일 당신이

날마다 사기 치고 속이고 금품을 요구하고 흥정하고 탈취하고 약탈한다면, 만일 당신이 동료들을 상대로 강탈하고 국고를 턴다면, 만일 당신이 친구들의 유언장에 기대를 걸거나, 혹은 기대조차 않고 스스로 날조한다면, 당신은 궁핍한 자이다.(43절)

(3) 보통 금고가 아니라 사람의 영혼에 대해 부유하다는 말을 쓴다. 금고가 아무리 가득 차 있다 하더라도, 당신이 비어 있는 것으로 보일 경우 당신은 부유하지 않다. 부의 정도는 각자에게 얼마만큼이 필요한가에 상응한다.(44절)

(4) 자신의 수입으로 군대를 유지할 수 있는 자가 아니라면 그 누구도 부자가 아니라고 당신은 말했는데, 당신 자신이 열망하는 것을 채우기에는 아주 많이 부족하므로, 당신은 자신이 부자가 아님을 자인하고 있는 셈이다. 당신은 자신의 가난, 아니 오히려 극빈과 거지 신세를 결코 감추지 못했다.(45절)

(5) 당신은 물질적 이해관계가 얽혀 있는 온갖 일에 개입하는데, 이는 당신이 자신에게 수입이 필요하다고 공언하는 셈이다. 그러니 당신은 진짜 부자는 아니다.(46절) 사실 부의 좋은 점은 풍요로움에 있고, 풍요로움이란 재산의 충족함과 풍족함을 말한다. 당신은 결코 이것을 얻지 못할 것이므로, 당신은 결코 전적으로 부유하지는 못할 것이다.(47절)

(6) 만일 우리가 재산에 대해 그 양을 산정하고 그 가치를 평가해야 한다면, 우리가 더 크게 평가할 것은 퓌로스가 파브리키우스에게 준

돈이 아니라 퓌로스의 돈을 거부한 파브리키우스의 자제력이다. 삼니움족의 금이 아니라 마니우스 쿠리우스의 거절이다. 루키우스 파울루스의 유산이 아니라 자신의 몫을 그의 형 퀸투스 막시무스에게 양보한 아프리카누스의 후의이다. 분명 최고의 덕에 속하는 후자가 재물에 속하는 전자보다 더 크게 평가되어야 한다.(48절)

(7) 그러므로 만일 가장 가치 있는 것을 소유하고 있는 것에 비례해서 각자를 아주 부유한 자로 여겨야 한다면, 부의 요체는 덕이라는 것을 아무도 의심하지 않을 것이다. 어떤 소유물도 어떤 양의 금은보화도 덕보다 더 크게 평가해서는 안 되기 때문이다.(48절)

(8) 더 나아가 사치하는 사람들에 대한 이야기로 넘어간다. 사람들은 절약이 얼마나 큰 수입인지 이해하지 못한다. 저 사람(마르쿠스 크라수스)은 큰 자산 수입을 갖지만 호화스러운 생활로 그 수입으로는 비용 충당뿐만 아니라 이자를 지불하기에도 모자라지만, 나는 적은 수입에서 욕구를 위한 비용을 빼고도 얼마는 남아돌기까지 한다. 그렇다면 누가 더 부유한가? 부족한 자인가, 아니면 남는 게 있는 자인가? 궁핍한 자인가, 아니면 풍족한 자인가?(49절)

(9) 마니우스 마닐리우스는 카리나이에 작은 집을, 그리고 라비쿰 지역에 농장 하나를 갖고 있었으나 그는 가난했을까? 호구조사에 따른 재산 평가가 아니라 생활 방식과 교양에 의해서 부의 정도가 정해진다.(50절) 욕구하지 않는 것이 재산이고, 낭비하지 않는 것이 수입이다. 실상 자신의 재물에 만족함이 가장 크고 가장 확실한 부이다.(51

절)

(10) 결코 강탈당하거나 몰래 도난당할 수도 없고, 난파나 화재로 잃지도 않고, 폭풍우나 세태의 격변에 의해 변하지도 않는 덕이야말로 무엇보다 크게 평가되어야 한다.(51절) 그 덕을 갖춘 자들만이 부자이다. 왜냐하면 그들만이 유익하고 영속하는 재산을 소유하고, 그들만이 자신의 재산에 만족하고, 자신에게 있는 것이 충분하다고 생각하고, 아무것도 추구하지 않고, 아무런 궁핍도 없고, 자신에게 아무것도 부족하다고 느끼지 않고, 아무것도 필요로 하지 않기 때문이다.(52절)

(11) 그러나 불량하고 탐욕스런 자들은 불확실하며 요행에 달린 재산을 소유하고 끊임없이 더 추구하는데, 그들 가운데 가진 것이 충분한 자는 이제껏 한 명도 발견된 적이 없으므로, 그들은 풍요롭지도 부유하지도 않을 뿐 아니라 빈곤하고 가난하다고 여겨야 한다.(52절)

부록

두 편의 글을 부록에 수록했다. 그 하나는 키케로가 기원전 63년에 작성한 연설문 「무레나 변호 연설」의 일부이다. 이 연설은 『역설』 속의 「역설 3」의 기본 입장을 부정하는 견해를 담고 있어서 「역설 3」과 줄곧 비교 대상이 되곤 한다. 또 하나의 글은 후기 스토아 철학자인 세네카의 『도덕 서한』 87이다. 이 서한은 「역설 1」, 「역설 2」와 같이 부와 덕 및 행복에 관해 논하되 키케로의 수사적인 연설 방식보다는 논리적인 논의 전개 방식을 보여준다. 또한 서한은 「역설 6」과도 간접적인 연관성을 갖는다. 그리고 「무레나 변호 연설」은 김남우 등이 번역한 『설득의 정치』의 일부이고, 『도덕 서한』 87은 이선주의 번역문을 부분적으로 수정한 것이다.

부록 1: 키케로의 「무레나 변호 연설」 XXVIII 60~XXXI 66[1]

XXIX 카토[2]여, 당신의 높은 경륜에 비추어 당신의 탁월함에 대한 저의 판단이 잘못되었다고 할 수는 없습니다. 하지만 아마도 일부를 가볍게 수정하고 바꿀 수는 있을 것입니다. "자네의 잘못이 많은 것은 아니네." 연로한 스승이 용감한 사내에게 말했습니다. "그러나 잘못은 했네. 나는 이를 고칠 수 있네." 하지만 저는 그럴 능력이 없습니다. 당신은 잘못한 것이 없으며, 교정이라기보다는 다만 약간 방향을 돌리는 것이 필요한 정도라고만 말하는 것이 더 적확할지 모르겠습니다. 바로 당신의 본성이 정직, 진중, 절제, 도량, 공정 등 모든 덕을 추구하는 당신을 위대하고 뛰어나게 빚어놓았기 때문입니다. 다만 제 판단으로는, 여기에 정도를 넘어선 경직된, 진리나 인간 본성이 감당하기에는 다소 완고하고 가혹한 원칙들이 덧붙여져 있습니다.

1 이 번역은 A. C. Clark가 편집한 *Pro Murena*(1905)을 저본으로 삼았다.

2 여기서 카토는 소 카토이며, 엄격한 스토아주의자로 묘사된다. 키케로는 『역설』에서 소 카토가 일반 스토아주의자들과 달리 스토아 철학의 주제들을 수사적 연설에 의해 대중들도 인정할 수 있게 만들려 했다고 말함으로써 그의 유연성을 높이 샀다. 그리고 그는 카토의 시도를 더 밀고 나가 수사적 연설에 의해 스토아 철학의 역설적 견해들을 옹호하는 모습을 보인다. 하지만 「무레나 변호 연설」에서는 소 카토를 엄격한 스토아주의들의 범주에 넣고, 이들의 경직된 견해를 비판한다. 「무레나 변호 연설」은 기원전 63년 작품인 반면 『역설』은 기원전 46년 작품이다.

61 그런데 우리가 무지한 대중에게나 촌사람들의 모임에서 연설을 해야 하는 것은 아니니, 저와 여러분 모두 알고 있는 유쾌한 인문교양에 관하여 좀 더 과감하게 논의해보고자 합니다. 심판인 여러분, 우리가 마르쿠스 카토에게서 보는 신적이고 탁월한 자산은 그 자신에게서 나온 것임을 아십시오. 반면 때때로 그에게 단점이 보이는바, 그것은 본성이 아니라 스승에게서 배운 것입니다. 최고의 재능을 갖춘 제논이라는 사람의 추종자들은 스토아 철학자라 불리고 있습니다. 제논의 견해와 가르침은 다음과 같습니다. "현자는 결코 인기에 동요되지 않는다. 어떤 이의 범법도 결코 묵과하지 마라. 자비를 베푸는 사람은 바보이거나 경박한 자다. 간청에 누그러지거나 화해하는 것은 사람이 할 짓이 아니다. 오직 현자만이 기형일지라도 아름답고, 걸인일지라도 부유하며, 노예일지라도 제왕이다." 그런데 그들의 주장대로라면, 현자가 아닌 우리는 도망 노예, 추방자, 적, 마지막으로 광인인 셈입니다. "모든 범죄는 같다. 모든 범법은 무도한 악이다. 필요하지도 않은데 수탉의 목을 비트는 것은 자기 아버지를 질식시키는 것 못지않은 범죄다. 현자는 결코 억견에 빠지지 않고, 후회하지 않고, 오류를 범하지 않고, 견해를 바꾸지 않는다."

XXX 62 뛰어난 재능을 지닌 마르쿠스 카토는 박식한 스승들에 이끌려, 대부분 사람처럼 논쟁이 아니라 실천을 위해서 이러

한 생각을 꽉 붙잡았던 것입니다. 징세청부업자들이 무엇인가를 요구합니다. "조금이라도 호의를 베풀지 않도록 조심하라." 비참한 자나 재난을 당한 자들이 탄원하며 찾아옵니다. "네가 만일 동정에 이끌려 뭔가를 한다면, 너도 사악하고 무도한 것이다." 어떤 이가 죄를 범했음을 자백하고 잘못에 대해 용서를 구합니다. "죄를 용서함은 무도한 짓이다." 그러나 그 죄는 가벼운 것입니다. "모든 죄는 같다." 당신은 아무거나 주장합니다. "기정사실로 확정되었다." 당신은 사실이 아니라 억견에 따른 것입니다. "현자는 억견에 빠지지 않는다." 당신은 사실관계에서 오류를 범합니다. 그는 모욕이라고 생각합니다. 당신의 다음 발언도 그 원칙에서 나온 것으로 보입니다. "집정관 후보를 고발할 것이라고 원로원에서 내가 말했다." 당신은 분노하여 말했습니다. 그는 말합니다. "현자는 절대 분노하지 않는다." 하지만 상황에 따라야 합니다. 그는 말합니다. "거짓과 속임수는 부도덕 한 자의 짓이다. 견해를 바꾸는 것은 추하고, 간청에 응하는 것은 범죄고, 동정하는 것은 파렴치한 짓이다."

63 그런데 카토여, 저도 청년기에 저 자신의 재능을 믿지 못하여 학식의 도움을 구했다는 점을 인정합니다. 우리 쪽 분들, 즉 플라톤과 아리스토텔레스의 추종자들은 절제력 있고 온유하며, 주장하기를 현자도 때로는 호의를 베푼다 했습니다. 동정은 선량한 사람들이 할 일이며, 범죄의 종류는 제각각이며 그에

따라 처벌도 구별된다고 했습니다. 원칙주의자라도 잘못에 관용을 베풀 수 있고, 현자마저 종종 모르는 것에 대해서는 억견을 가지며, 가끔 분노하기도 하고, 간청에 따라 움직이고 화해하기도 하는바, 때로는 생각을 바꾸기도 하고 심지어는 더 옳은 견해가 있다면 이전의 견해를 완전히 버리기도 합니다. 모든 탁월함은 중용을 지키는 데 있다고 했습니다.

XXXI 64 카토여, 어떤 운명에 이끌려 이런 스승들께로 갔더라면, 물론 당신은 더 훌륭해지거나 더 용감해지거나 더 절제력을 갖추거나 더 공정해지지 못할 만큼 이미 더할 나위 없을 정도로 훌륭한 본성을 갖추었습니다만, 그래도 조금이나마 유연함 쪽으로 기울어졌을지도 모르겠습니다. 그랬더라면 지금처럼 최고의 권위와 품덕을 갖춘 지극히 훌륭한 사람을, 반감에 이끌리거나 명예훼손으로 도발되지 않았으면서도 고발하는 일은 없었을 것입니다. 그랬더라면, 당신과 루키우스 무레나가 우연히 같은 해에 동료로서 관직을 담당했을진대, 당신은 그와 함께 한 나랏일의 인연을 생각할 수도 있었습니다. 그랬더라면 당신이 원로원에서 했던 가혹한 말을 아예 말하지 않거나, 가능하다면 완곡하게 말할 수도 있었습니다.

65 하지만 제가 예견하는바, 현재 마음의 격정으로 흥분하고, 본성과 재능의 힘으로 고양되고, 최근 배운 것들에 불타오른 당신을 장차 경험이 가라앉히고, 세월이 진정시키며, 나이

가 부드럽게 만들 터입니다. 실로 당신의 스승들, 덕의 교사들은 인간의 본성이 할 수 있는 것보다 훨씬 멀리 의무의 목표를 설정하여, 우리가 목표를 향해 분투해서야 겨우 의무의 문턱에 닿도록 만들었습니다. "어떤 것도 용서하지 마라." 아니, 다는 아니지만 어떤 것은 용서하십시오. "호의를 베풀지 마라." 아니, 의무와 신의가 요구하는 경우에만 호의를 보이지 마십시오. "동정심에 휘둘리지 마라." 물론 엄정함이 느슨해질 때라면 그렇습니다. 하지만 인도적이라는 상찬도 있습니다. "너의 견해를 고수하라." 기존의 견해보다 더 나은 견해가 없는 한에서 말입니다.

66 저 스키피오는 당신이 한 바로 그 일, 즉 박식한 파나이티오스[3]를 자기 집에 초빙하기를 즐겼는데, 그 선생의 연설과 당신이 좋아하는 바로 그 원칙들에도 불구하고, 노인들에게서 들은 바로는, 스키피오가 더 엄격해지기는커녕 오히려 아주 온화한 사람이 되었다고 합니다. 실로 당신과 같은 학파의 가이우스 라일리우스보다 더 친절하고 유쾌하며, 더 진중하고 현명한 사람이 있습니까? 루키우스 필루스, 가이우스 갈루스에 관해서도 똑같이 말할 수 있지만, 이제 당신을 당신네 가문으로 이끌고 가보려 합니다. 모든 인간사를 고려해보았을 때, 당신의 증조

3 파나이티오스(Panaitios, 기원전 185~110년)는 중기 스토아 철학자이다.

부 카토보다 더 친절하고 사교적이고, 더 온화한 사람을 생각할 수 있습니까? 그의 뛰어난 탁월함을 사실 그대로 진지하게 언급하면서, 당신은 당신 집안에 본받을 전범을 두었다고 말했습니다. 물론 그분은 당신의 가내에서 전범이고, 그의 본성은 우리 중 그 누구보다 후손인 당신에게 더 잘 전해졌을 테지만, 본받기로 따지자면 그분은 당신의 전범인 만큼 저의 전범이기도 합니다. 만일 그의 친절함과 온화함을 당신의 진중함과 엄격함에 보탠다면, 현재 이미 최상인 당신의 탁월함이 더 나아지지는 않겠지만, 확실히 유쾌함이 좀 더 가미될 것입니다.

부록 2: 세네카의 「도덕 서한」 87[4]

세네카가 루킬리우스에게 안부를 전합니다.

1 나는 승선하기도 전에 난파당했습니다. 어떻게 이런 일이 일어났는지 더 말하지 않으려는 까닭은, 당신이 이것 역시 스토아 철학의 역설들 중 하나로 치부할까 봐서입니다. 그 역설들은 결코 오류가 아니며, 첫 인상만큼 그렇게 기이하지도 않은바,

4 이 번역은 L.D. Reynolds가 편집한 *L.Annaei Senecae ad Lucilium Epistulae Morales*(1965)를 저본으로 하였다.

당신이 원한다면 증명해보이고자 합니다. 그러나 원치 않더라도 증명해보려 합니다.

한편, 이 여행은 우리가 쓸데없는 것을 얼마나 많이 갖고 있는지를, 어쩔 수 없이 잃게 된 것은 숙고를 통해 상실감 없이 얼마나 쉽게 내려놓을 수 있는지를 가르쳐주었습니다. **2** 단지 수레 한 대에 싣고 갈 수 있을 만큼의 몸종과 우리가 들고 갈 수 있을 것들 외에 다른 준비는 없이, 나와 내 친구 막시무스[5]는 그때 가장 행복한 이틀을 보냈습니다. 땅에 깔개를 펴고, 깔개 위에 몸을 뉘였습니다. 두 벌의 외투 중 하나는 요, 나머지 하나는 이불이 되었습니다. **3** 점심식사에서 덜어낼 것이라곤 없었습니다. 준비하는 데는 한 시간이 채 걸리지 않았으며, 건무화과와 수첩[6]이 빠진 적은 없었습니다. 빵이 있을 때는 무화과를 간식으로 먹고, 빵이 없을 때는 무화과를 빵 대용으로 먹습니다. 건무화과로 매일매일이 새해가 되고,[7] 나는 선한 생각과 자긍심(영혼의 위대함)으로 새해를 상서롭고 행복하게 만듭니다. 영혼은 외적인 것을 멀리하고, 아무것도 두려워하지 않음

5 Caesennius Maximus로 추정된다.

6 여행 중에 수첩을 소지하여 기록하는 예로는 소 플리니우스 『서한집』 3.5.15 참고.

7 무화과는 로마인들의 전통적인 새해선물이다.(오비디우스, 『축제일』 1.185 참고)

으로써 스스로 평화를 이루어내며, 아무것도 갈망하지 않음으로써 스스로 부유함을 이루어낼 때 가장 위대합니다. **4** 단출한 수레에 몸을 실었습니다. 천천히 움직이는 걸로 보아 노새가 살아 있기는 합니다. 노새몰이꾼은 신도 신지 않았습니다. 더위 때문에 그런 게 아닙니다. 혹여 이 수레가 내 것으로 여겨지지나 않을까 창피한 마음이 없지 않습니다. 바른 것에 거스르는, 잘못된 수치심이 이토록 굳게 뿌리박혀 있습니다. 그래서 수행원이 딸린 거창한 마차를 마주칠 때마다, 나도 모르게 얼굴이 붉어지곤 합니다. 내가 동조하고 칭송하는 것들이 내 안에 아직 확실하고 굳건하게 제 자리를 잡지 못하고 있다는 증거입니다. 흙 묻은 수레를 부끄러워하는 사람은 휘황찬란한 마차에 자랑스러워할 것입니다. **5** 여태 조금 전진했을 뿐입니다. 아직도 검약을 당당히 앞에 내세우지 못합니다. 여전히 행인들의 평판이 신경 쓰입니다.

세속적인 평판에 맞서 이런 목소리를 내야 했거늘. "당신들은 제정신이 아니오, 당신들은 틀렸소, 허황된 것에 넋이 빠져 사람을 그 자체로 판단하지 못하고 있소, 재산이 문제가 되자, 돈을 빌려줄 사람, 시혜를 베풀어 줄 사람을 꼼꼼히 따져보는구려. 시혜금 역시 지금 지출해야 하니 말이오. **6** 소유지가 넓군, 하지만 채무가 많아. 보기 좋은 집을 가졌네. 하지만 빚으로 마련했군. 누구도 저렇게 빨리 엄청난 노예들을 팔려고 내놓진 못할거야. 하지만 채무 장부를 다 지우진 못하지. 채권자들한테 다 갚고 나면, 저자에겐 남을 게 없을 거야. 나머지 사람들에 대해서도 똑같이 해야 하는 바, 각자의 소유재산이 얼마나 되는지를 샅샅이 캐봐야 할 것이오." **7** 당신은 저 사람을 부자로 여깁니다. 왜냐하면 그는 여행하면서도 금 식기를 가져다 쓰고, 온 속주에 경작지가 있으며, 커다란 장부를 펼치고, 도시 근교에 있는 그의 농지란, 설사 그것이 아풀리아의 버려진 땅이라 할지라도 선망을 불러일으킬 만큼 넓기 때문입니다. 그러나 이 모든 것을 열거한들, 그는 가난합니다. 왜 그렇습니까? 빚이기 때문입니다. "얼마만큼인가?"라고 당신은 묻습니다. 모두 다입니다. 그것을 사람한테서, 아니면 운한테서 사용대차로 빌린 것인지를 구분하지 않는다면 말입니다. **8** 같은 색깔로 맞춘 살진 노새들이 뭐 그리 중요합니까? 저 장식 달린 마차가 중요합니까?

> 붉게 수놓은 마갑을 입은 빠른 발의 준마들을.
> (앞가슴에 황금색 목줄이 길게 늘어져 있었고
> 황금 마구를 입은 말들은 황금을 씹고 있었다)[8]

8 『아이네이스』 7권 277~279행.(김남우 옮김, 열린책들, 2021)

저것들은 그 주인을 또는 노새를 더 훌륭하게 만들 수 없습니다. **9** 감찰관 마르쿠스 카토, 마찬가지로 공화국이 낳은 사람으로 스키피오가 있습니다만, 스키피오가 우리의 적들에 맞섰다면, 카토는 우리의 풍속에 맞서 전쟁을 치렀던 것이지요. 카토는 나귀를 타고 다녔으니, 나귀에 걸린 바랑엔 그의 소지품 몇 개가 들어 있을 뿐이었습니다. 아! 달리기노예와 누미디아인들, 그리고 다른 많은 것들을 자기 앞에 달리게 해서 먼지를 뿌옇게 일으키고 우쭐대는 기병대 젊은이와 카토가 길에서 마주치는 광경을 본다면 얼마나 좋겠습니까! 그는 분명 마르쿠스 카토보다 좋은 의전을 받으며 세련된 사람으로 보일 겁니다. 사치스런 장식에 둘러싸인 그의 심각한 고민거리라곤, 검투사 대적용 검을 잡을 것인지, 아니면 짐승 상대용 칼을 쥘 것인지입니다. **10** 아, 그는 얼마나 시대의 자랑이었습니까! 개선장군, 감찰관, 그러나 무엇보다도 놀라운 점은 카토가 한 마리 늙은 나귀를 타고 다니면서도, 그것도 혼자 차지하지 않았는바, 전혀 거리낌이 없었다는 사실입니다. 왠고 하니, 나귀 옆구리에는 그의 바랑이 걸쳐져 있었으니 하는 말입니다. 그러니 당신은 살진 버새들과 아스투리아산 말, 그리고 준족의 말 전부보다 카토가 늘상 타고 다니던 나귀 한 마리를 택하지 않았겠습니까?

11 이런 주제의 이야기는 나 자신이 멈추지 않는 한, 끝나지 않을 것입니다. 그러므로 이 점만을 지적하고 마칠까 합니다.

실로 맨 처음 짐이나 수레 따위들을 "방해물"[9]이라 이름 붙였던 사람은, 지금 밝혀진바, 앞으로 일어날 일을 예견했다는 점 말입니다. 이제, 나는 덕과 관련해 우리 학파에서 나온 아직은 아주 적은 수의 추론들을 당신에게 전해주려 하노니, 우리는 덕이 행복한 삶을 위해 자족적인 것이라고 주장합니다.

12 "좋은 것이 좋은 사람을 만든다. (음악에서도 좋은 것이 연주가를 만들기 때문이다.) 그러나 우연적인 것은 좋은 사람을 만들지 못한다. 그러므로 우연적인 것은 좋은 것이 아니다."[10]

소요 학파는 이 논증에 맞서 다음과 같이 대답하여, 우리가 제시한 첫 번째 명제를 거짓이라고 주장합니다. 그들은 말합니다. "좋은 것에서 항상 좋은 사람이 나오는 것은 아니다. 음악에서 좋은 것으로는, 예를 들어 피리, 현금, 노래 반주에 따르는 악기들이 있다. 그러나 이것들 중 어느 것도 음악가를 만들 수 없다." **13** 이 점에 대해 우리는 답할 것입니다. "음악에 좋은 것이 있다고 상정할 때, 그것이 무엇을 뜻하는지 당신들은

9 라티움어로 여행과 관련된 짐, 수레 등을 *impedimenta*라 하며, 이 단어는 동시에 '방해물'도 의미한다.

10 키케로는 『역설』 2절에서 언급한 스토아학파의 엄격한 논변 방식을 세네카가 잘 보여준다. 그는 특히 스토아 학파의 간결한 삼단 논증들을 여러 곳에서(12, 15, 22, 28, 35, 38절) 보여준다.

이해하지 못하고 있다. 우리가 말하는 것은 '음악가를 만들어내는 바로 그것'이지, '음악가가 갖추고 있는 기구'가 아니기 때문이다. 당신은 기술이 아니라, 기술의 도구로 향하고 있다. 그러나 실로 음악이라는 기술에 뭔가 좋은 것이 있다면, 그것은 항상 음악가를 만들어낼 것이다." **14** 여기서, 나는 좀 더 분명히 구성해보고자 합니다. 음악이라는 기술에서, 좋은 것은 두 가지 방식으로 이야기됩니다. 하나는 음악가의 연주에 도움을 주는 것이라고, 다른 하나는 그의 기술에 도움을 주는 것이라고 말입니다. 악기들, 예를 들어 피리, 노래반주 악기, 현금이 돕는 것은 연주이지, 음악가의 기술 자체가 아닙니다. 왜냐고 하니, 설사 도구들이 없을지라도 기술자는 기술자이기 때문입니다. 설사 기술을 사용할 수 없어도 말입니다. 그러나 이런 이중 구도를 사람에게 적용하는 것은 온당치 않습니다. 사람에게 좋은 것과 삶에 있어 좋은 것은 동일하기 때문입니다.

15 "아주 천하고 추한 누군가에게도 생길 수 있는 것은 좋은 것이 아니다. 그런데 재물은 포주나 검투사의 조련사에게도 생긴다. 그러므로 재물은 좋은 것이 아니다." 그들은 다음과 같이 논박합니다.

"당신들이 제시한 전제는 거짓이다. 우리는 문법뿐 아니라 의술이나 항해술과 관련된 좋은 것이 아주 비천한 사람에게도 생기는 것을 보기 때문이다." **16** 하지만 그 기술들은 그 자신들이 영혼의 위대함이라고 공언하지 않고, 자신을 드높이지 않으며, 우연적인 것을 꺼려하지 않습니다. 그런가 하면 덕은 사람을 고양시키고, 필멸하는 자들이 귀하게 여기는 것들보다 사람이 더 높은 위치를 갖게 합니다. 그리고 그것은 좋은 것이라 불리는 것들도 나쁜 것이라 불리는 것들도 과도하게 추구하거나 지나치게 무서워하지 않습니다. 클레오파트라의 환관 중에 켈리돈이라는 자는 막대한 재산을 소유했습니다. 요즘 사람으로는, 수치라고는 전혀 찾아볼 길 없는 추잡한 혓바닥을 가진 나탈리스를 들 수 있습니다. 그는 많은 사람들의 상속인이자 그 자신이 많은 사람들의 피상속인인데, 그의 입은 지극히 수치스러운 일을 행했습니다. 어떻습니까? 돈이 저 자를 추잡하게 만든 것입니까? 아니면 그 자신이 돈을 더럽게 만들었습니까? 마치 동전 한 개가 하수구에 떨어지듯, 그렇게 돈이 어떤 자들에게 떨어진 것입니다. **17** 덕은 저런 것들보다 높은 위상을 갖습니다. 덕은 그 자체의 가치로서 평가되며, 아무에게나 우연히 얻어걸린 것들을 좋은 것으로 판단하지 않습니다. 하지만 의술이나 항해술은, 그 기술뿐 아니라 그것을 갖춘 사람들이 그런 것들에 경탄하는 것을 막지 않습니다. 좋은 사람이 아니더라도 당연히 의사가 될 수 있고, 항해사가 될 수 있으며, 걱정되기는 하지만, 요리사도 되듯이 문법 선생 역시 될 수 있습니다. 아무나 얻을 수 없는 것을 얻은 사람을 평범한 사람이라 말하지 마십시오. 무릇 사람은 자신의 소유물과 같은 종류에 속하는 법입니다. **18** 돈주머니는 그 안에 들은 것만큼의 가치가 있습니다. 아니, 오히려 안에 있는 내용물에 딸린 첨부물이라 하겠습니다. 안에 담긴 금전이 아니라면, 불룩한 돈 자루의 가치가 어디서 나오겠습니까? 막대한 재산의 소유자들도 이와 같습니다. 그들은 그들 자신들의 소유물에 딸린 부가품이자 첨부물입니다. 그렇다면, 어떤 이유에서 현자가 위대하다는 것입니까? 위대한 영혼을 갖기 때문입니다. 그러므로 극히 별 볼 일 없는 사람에게도 생기는 것은 좋은 것이 아니라는 명제는 참입니다. **19** 따라서 나는 고통없음은 결코 좋은 것이 아니라고 주장하겠습니다. 매미도 그렇고 벼룩도 그런 상태를 갖기 때문입니다. 실로 나는 휴식, 또는 성가신 일로부터 벗어나는 것이 좋은 것은 아니라고 주장하려 합니다. 지렁이보다 더 한가한 것이 있겠습니까? 무엇이 현자를 만드는지 묻습니까? 신을 만드는 그것입니다. 현자에게는 신적인, 천상계에 속한 장대한 것을 부여해야 합니다. 모든 사람들에게 좋은 것이 생기지는 않으며, 또 아무나 그것의 소유자가 되는 것이 허용되지 않습니다. **20** 봅시다.

각 지역에서 뭐가 자라고, 뭐가 안 되는지.
여긴 곡식, 저긴 탐스런 포도송이가 자라네.

저쪽엔 막 움트는 나무, 가꾸지 않아도 푸른
목초. 모르는가, 트몰루스의 향긋한 사프란,
인도 상아, 나른한 사바에서 실려오는 몰약을?
하지만 철은 황량한 카뤼베스에서 나고 (……)[11]

21 저것들은 장소에 따라 나뉘어져 있어, 서로 다른 것들이 필요할 경우, 사람들 간에 교환이 필수적입니다. 최고선 역시 자신의 고유한 자리를 갖고 있습니다. 그것이 나오는 곳은 상아가 나는 곳도, 철이 생산되는 곳도 아닙니다. 어디에 최고선이 있는지를 묻습니까? 영혼입니다. 그곳이 깨끗하고 정갈하지 않으면, 신을 모실 수 없습니다.

22 "좋은 것은 나쁜 것에서 생기지 않는다. 그런데 부는 탐욕에서 생겨난다. 그러므로 부는 좋은 것이 아니다."

상대가 말합니다. "좋은 것이 나쁜 것에서 나오지 않는다는 전제는 참이 아니다. 왜냐하면 신전약탈과 절도에서 돈이 나오기 때문이다. 실로 신전약탈과 절도는 나쁜 것이다. 하지만 그 이유는 그것이 좋은 것보다 나쁜 것을 더 많이 만들어내서이다. 왠고 하니, 그 이득에는 두려움, 불안, 영혼과 육체의 고통이

11 베르길리우스, 『농부의 노래(*Georgica*)』 1.53~58.

동반되기 때문이다." **23** 이런 식으로 논증하는 사람은 신전약탈을 좋은 것이라고 인정하는 것이 틀림없습니다. 비록 그것이 나쁜 것을 많이 만들어내기 때문에 나쁘다 할지라도, 좋은 것도 만들어내므로 어떤 면에서는 좋다는 식으로 말입니다. 이보다 더 경악할 만한 것이 어디 있겠습니까? 하지만 우리는 신전약탈, 절도, 간통이 좋은 것으로 여겨진다는 사실에 철저히 설득되었습니다. 절도에 대해 부끄러워하지 않는 사람들이 얼마나 많습니까! 얼마나 많은 사람들이 간통을 자랑하고 다닙니까! 실로, 사소한 신전약탈은 처벌받는 반면, 크게 저지른 신전약탈은 개선식 행렬에서 실려 옵니다. **24** 이 점을 덧붙입시다. 신전약탈이 어떤 면에서는 전적으로 좋은 것이라 한다면, 그것은 또한 존경할 만한, 그리고 올바른 행위라 일컬어질 것입니다. 우리의 의지적 행동이기 때문입니다. 그러나 이 점은 인간의 사유로는 어떤 식으로건 용납할 수 없습니다. 그러므로 나쁜 것에서 좋은 것이 나올 수는 없습니다. 왜고 하니, 당신들이 주장하듯이, 나쁜 것을 많이 가져온다는 그 한 가지 점 때문에 신전약탈이 나쁜 것이라 할 때, 당신이 그것의 처벌을 면하게 하거나 안전을 보장하면, 그것은 전적으로 좋은 것으로 될 테니 말입니다. 하지만 범죄에 따르는 가장 큰 형벌은 바로 범죄 안에 있습니다. **25** 내 말하거니와, 당신이 사형집행인이나 감옥에 형벌을 맡겨놓으면, 당신은 잘못을 하는 것입니다. 범죄는 행해진 즉시, 아니 행하면서 그들은 벌 받는 것입니다. 그러니 올리브나무에서 무화과가 맺힐 수 없듯이, 나쁜 것에서 좋은 것이 나올 수는 없습니다. 싹은 씨에 따르며, 좋은 것이 열등해질 수 없습니다. 추한 것에서 훌륭한 것이 나올 수 없듯이, 나쁜 것에서는 결코 좋은 것이 나올 수 없습니다. 훌륭한 것과 좋은 것은 동일하기 때문입니다.

26 우리 중 몇몇은 이에 맞서 이렇게 답합니다. "어디서 취해왔건 돈은 좋은 것이라 가정해보자. 비록 신전약탈 행위에서 돈을 획득했다 해도, 돈이 꼭 신전약탈에서 나오는 것은 아니다. 다음과 같이 이해해보도록 하라. 같은 항아리 안에 황금과 독사가 같이 들어있다. 그 항아리에서 황금을 꺼낸다면, 그건 거기에 독사도 있기 때문이 아니다. 나는 이렇게 말한다. 항아리가 독사를 가졌기 때문에 그것이 내게 황금을 준 것이 아니라, 항아리에 독사가 있음에도 항아리가 내게 황금을 준 것이다. 마찬가지로, 신전약탈에서 이득이 생기지만, 그건 신전약탈이 추하고 불경하기 때문이 아니라, 그것이 이득도 갖고 있기 때문이다. 저 항아리에서 독사가 나쁜 것이지 독사와 함께 있는 황금이 나쁜 것이 아닌 것처럼, 신전약탈에서도 범행이 나쁜 것이지 이득이 나쁜 것은 아니다." **27** 나는 그들에게 동의하지 않습니다. 두 사안의 조건이 다르기 때문입니다. 황금과 독사는 분리할 수 있습니다만, 신전약탈 없이 이득을 얻을 수는 없습니다.

그런 종류의 이득은 범죄와 나란히 있는 것이 아니라 결합되어 있는 것입니다.

28 "우리가 어떤 것을 획득하고자 할 때 많은 나쁜 일과 맞닥뜨리게 된다면, 그것은 좋은 것이 아니다. 그런데 부를 획득하고자 할 때 우리는 많은 나쁜 일과 맞닥뜨리게 된다. 그러므로 부는 좋은 것이 아니다."

누군가는 다음과 같이 말합니다. "당신들의 전제는 두 가지 의미를 지닌다. 첫째, 부를 획득하고자 할 때 우리는 많은 나쁜 일과 맞닥뜨리게 된다는 점이다. 그런데 우리가 덕을 추구할 때도 역시 많은 나쁜 일과 맞닥뜨리게 된다. 학업을 위한 항해에 나설 때 난파를 당하는 사람이 있는가 하면, 해적에게 포로가 되는 사람이 있다. **29** 둘째, 어떤 것을 통해 나쁜 일과 맞닥뜨리게 된다면 그것은 좋은 것이 아니라는 점이다. 그런데 이 명제로부터 부 혹은 쾌락을 통해 나쁜 일과 맞닥뜨리게 된다는 귀결이 나오지는 않는다. 만일 부를 통해 나쁜 일과 맞닥뜨리게 된다면, 부는 단지 좋은 것이 아닐 뿐 아니라 나쁜 것이다. 그러나 당신들은 부를 단지 좋은 것이 아니라고 주장한다. 게다가, 당신들은 부가 어느 정도 유용하다는 점을 인정하고, 그것을 이로운 것으로 여긴다. 하지만 동일한 논리에 따르면, 부는 이롭지조차 않을 것이다. 왜냐하면 부를 통해 많은 해가 발생

하기 때문이다." **30** 이에 대해 어떤 사람들은 다음과 같이 답합니다. "해를 부에 전가시키는 이들은 오류를 범한 것이다. 부는 누구도 해치지 않는다. 누군가를 해치는 것은 그 자신의 어리석음이거나 다른 사람의 사악함이다. 이를테면 칼은 그 자체가 그 누구도 살해하는 것은 아니되, 살해자의 도구인 것과 같다. 마찬가지로, 부로 인해 당신이 해를 입더라도, 부가 당신에게 해를 입히는 것은 아니다." **31** 나는 포세이도니오스의 주장이 더 낫다고 생각합니다.[12] 그에 의하면 부는 나쁜 것의 원인인데, 이는 부 자체가 뭔가를 행해서가 아니라, 사람들이 뭔가를 행하게끔 부추기기 때문입니다. 작용인, 즉 필연적으로 직접 해를 입히는 원인과 선행원인은 다른 것입니다. 부는 선행원인을 내포하고 있습니다. 즉 그것은 영혼에 불을 지피고, 교만함을 낳고, 시기심을 초래하고, 부유하다는 평판이 우리를 해치는데도 기뻐할 정도로 정신 나가게 만들기까지 합니다. **32** 그런데 모든 좋은 것에는 잘못이 없다는 것은 당연한 것입니다. 그것은 순수하고, 영혼을 타락시키지도 교사하지도 않습니다. 실로 그것은 영혼을 고양시키고 폭넓게 만들어주고, 허풍은 없게 합니다. 좋은 것은 자신감을 가져오지만, 부가 가져오는 것은 거만함입

12 중기 스토아 철학자 포세이도니오스는 파나이티오스의 제자로, 기원전 1세기 전반에 로도스에서 가르쳤다.

니다. 좋은 것은 자긍심을 선사하지만, 부가 선사하는 것은 거만함입니다. 그런데 거만함이란 바로 다름 아닌 자긍심의 거짓 외양입니다. **33** 상대방은 말합니다. "그런 식이면, 부는 단지 좋은 것이 아닐뿐더러, 심지어 나쁜 것이기까지 하다." 바로 그것 자신이 해를 입힌다면, 즉, 좀 전에 말했듯이, 작용인을 내포하고 있다면 그것은 나쁜 것일 겁니다. 하지만 부는 선행원인을, 즉 실로 영혼을 부추길 뿐 아니라 끌어당기는 원인을 내포하고 있습니다. 왜냐고 하니, 부는 좋은 것의 외양, 즉 대부분의 사람들로 하여금 좋은 것이라 믿게끔 하는, 참과 유사한 외양을 내보이기 때문입니다. **34** 덕 역시 선행원인을 내포하고 있습니다. 시기심을 불러일으키는 선행원인을 말입니다. 많은 사람이 그들의 지혜로 인해, 그리고 많은 사람이 그들의 정의로 인해 시기를 받기 때문입니다. 하지만 이 원인은 덕에 내포되어 있으나 덕 자신으로부터 나온 것도, 진실에 가까운 것도 아닙니다. 반면에 덕이 인간의 영혼에 내보이는 저 외양은 사람들로 하여금 덕에 대한 사랑과 경탄을 자아내게 하는 것으로서, 진실에 더 가까운 것입니다.

35 포세이도니오스는 논증은 이런 식으로 해야 한다고 말합니다. "영혼에 자긍심, 자신감, 안전을 주지 않는 것은 좋은 것이 아니다. 그런데 부나 건강, 이와 유사한 것들은 그중 어떤 것도 만들지 못한다. 그러므로 이것들은 좋은 것이 아니다." 그

는 위의 논증을 심지어 다음과 같은 방식으로 훨씬 확장시킵니다. "영혼에 자긍심, 자신감, 안전을 주기는커녕, 오히려 반대로 거만함, 허풍, 자만을 만들어내는 것은 나쁜 것이다. 그런데 우연적인 것들이 그것들로 우리를 부추긴다. 그러므로 이것들은 좋은 것이 아니다."

36 상대방이 말합니다. "이 추론에 따르면, 저것들은 이득조차 주지 않을 것이다." 이득이 되는 조건과 좋은 것의 조건은 다릅니다. 이득이라 함은, 불편함보다 유용성이 더 많은 경우입니다. 좋음은 온전하고 모든 면에 있어 해가 되지 않아야 합니다. 좋음이란, 더 많은 이익을 가져다주는 것이 아니라, 전적으로 이익을 주는 것입니다. **37** 게다가 이득은 동물이나 불완전하고 어리석은 사람들에게 관련된 문제입니다. 그러므로 이득에는 손해가 섞여 있을 수 있지만, 그럼에도 더 큰 부분에 의해서 이득으로 평가된다고 말해집니다. 좋음은 오직 현자에게 속하는 것으로서, 결코 침해될 수 없습니다.

38 용기를 내십시오. 당신에게는 하나의 매듭이, 하지만 헤라클레스의 매듭이 남아 있습니다.[13] "나쁜 것에서 좋은 것이 나

13 헤라클레스의 매듭에 대한 언급은 대 플리니우스의 『박물지(*Naturalis historia*)』 28.63에 등장하며, 상처를 감아서 치료하는데 효과적이라고 기술되어 있다. Festus의 『사전(*De verborum significatu*)』(Paul. Fest)의 *cingillum* 관련 항

올 수는 없다. 수많은 가난에서 부가 나온다. 그러므로 부는 좋은 것이 아니다."

우리 학파는 이 논증을 인정하지 않았습니다만, 소요 학파 사람들은 이 문제를 제기하였고 해결하기도 하였습니다. 그런데 포세이도니오스는 말하길, 모든 변증술 학파들에서 회자되던 이 궤변이 안티파트로스에 의해 다음과 같이 논파되었다고 합니다.[14] **39** "가난은 소유가 아니라 박탈(옛사람들은 '결핍'이라 했고, 희랍인들은 *kata steresin*이라고 했다)과 관련해서 언급되며, 가진 것이 아니라 가지지 못한 것을 말한다. 그러므로 무(無)가 아무리 많더라도 결코 뭔가를 채울 수 없다. 부를 만들어내는 것은 많은 사물이지, 많은 궁핍이 아니다. 당신은 가난을 제대로 이해하지 못하고 있다. 왜냐하면 가난이란 '적게 소유한' 상태가 아니라, '많이 소유하지 못한' 상태이기 때문이다. 그러므로 가난이란, 가진 것이 아니라 없는 것을 기준으로 말해지는 것이다."

40 *anhuparxia*가 의미하는 바를 나타내는 라티움어 단어가 있다면, 내가 말하고자 하는 바를 더 쉽게 표현할 수도 있을 텐

목에는 헤라클레스처럼 다산을 기원하며 신부가 허리에 묶은 매듭을 신랑이 푼다는 설명이 들어 있다.

14 타르소스 출신 안티파트로스는 기원전 2세기 중반 스토아 학파의 수장이었다.

데. 안티파트로스는 그 단어를 '가난'이라는 단어에 대응시켰습니다만, 나로서는, '가난'이라는 단어가 의미하는 바와 '조금 소유한 것'이 다르다고 여겨지진 않습니다. 부와 가난의 본질에 관해서는 충분한 여유가 있을 때 다룰 것입니다. 그렇지만 그때 역시 살펴보게 될 것은, 마치 사태에 관해서는 이미 판결이 난 양, 단어들에 관한 쟁송을 계속하는 일보다 가난을 완곡하게 표현하고 부에서 오만함을 제거하는 것이 더 나은 일인지의 문제입니다. **41** 우리가 민회에 소환되었다고 상상해봅시다. 부를 폐지하는 법이 상정됩니다. 우리는 저 논증에 동의하게 될까요, 아니면 거부하게 될까요? 저 논증은 로마 인민으로 하여금 가난을 이 제국의 기초이자 근거로 요청하고 칭송하게 하며, 반대로 부를 두려워하게 하여 다음을 숙고하게끔 할까요? 즉, 부는 우리에게 정복당한 자들에게서 얻은 것이고, 이로부터 부정선거와 매수 및 소요가 가장 신성하고도 가장 잘 조직된 국가로 침투했고, 이민족들에게서 빼앗은 지나치게 호사스런 전리품들이 전시되었으며, 한 민족이 여러 민족들로부터 빼앗은 것은 더 쉽게 여러 민족들이 한 민족에게서 빼앗을 수 있다는 점 말입니다. 이 법에 동의하는 것이, 다시 말해 욕구를 제한하는 것이 아니라 제압하는 것이 더 타당합니다. 그렇게 할 수 있다면, 더 용감하게 주장합시다. 그러나 그럴 수 없다면, 조금 더 솔직하게 주장해봅시다. 그럼, 이만.

참고문헌

1. 일차 자료

김남우 외 옮김, 『키케로: 설득의 정치』, 민음사, 2015.

김남우 옮김, 『케케로: 투스쿨룸 대화』, 아카넷, 2022.

김인곤 외 옮김, 『소크라테스 이전 철학자들의 단편 선집』, 아카넷, 2005.

김인곤, 『플라톤: 고르기아스』, 아카넷, 2021.

김주일 · 김인곤 · 김재홍 · 이정호 옮김, 『디오게네스 라에르티오스: 유명한 철학자들의 생애와 사상』 1~2권, 나남, 2021.

이기백, 『플라톤: 크리톤』, 아카넷, 2020.

이기백 옮김, 『플라톤: 필레보스』, 아카넷, 2020.

이창우 · 김재홍 · 강상진 옮김, 『아리스토텔레스: 니코마코스 윤리학』, 길, 2011.

Badali, Renato, *M. Tulli Ciceronis Paradoxa Stoicorum*, Rome: Arnoldo Mondadori, 1968.

Molager, Jean, *Cicéron, Les Paradoxes Des Stoïciens*, Paris: Société d'Edition,

1971.

Cicero, *Pro Murena*, Cambridge: Harvard University Press, 1977.

Clark, A. C., *M. Tulli Ciceronis: Orationes, Vol. 1: Pro Sex. Roscio; De Imperio Cn. Pompei; Pro Cluentio; In Catilinam; Pro Murena; Pro Caelio,* Oxford: Oxford University Press, 1905.

Laertius, Diogenes, *Lives of the Eminent Philosophers,* Cambridge: Harvard University Press, 1950.

Galli, Daniela, *Cicero's Paradoxa stoicorum: Text and Philological commentary*, Roma: Carocci editore, 2019.

Gummere, R. M., Ed., *Seneca: Epistulae Morales*, Cambridge: Harvard University Press, 1967.

Lee, A. G., *M. Tulli Ciceronis Paradoxa Stoicorum: Introduction and Notes,* London: Macmillan and Company, 1953.

Long, A. A. and Sedley, D. N., *The Hellenistic Philosophers, 2 vols,* Cambridge: Cambridge University Press, 1987.

Plasberg, Otto, *M. Tulli Ciceronis Paradoxa Stoicorum: Academicorum Reliquiae cum Lucullo, Timaeus, de Natura Deorum, de Divinatione, de Fato*, Lipsiae: Aedibus B. G. Teubneri, 1908.

Rackham, H., Trans., *Cicero IV* (Including *Cicero, Paradoxa Stoicorum*), Cambridge: Harvard University Press, 1942.

Reynolds, L. D. Ed., *L. Annaei Senecae ad Lucilium Epistulae Morales*, Oxford: Oxford University Press, 1965.

Ronnick, Michele, *Cicero's Paradoxa Stoicorum: A commentary, an interpretation and a study of its influence*, Dissertation, Boston Unversity, 1990.

Stella, S., ed., *M. Tullio Cicerone, Paradoxa Stoicorum: Introduzione e commento di Salvatore Stella*, Milano, 1937.

Von Arnim, H. Ed., *Stoicorum Veterum Fragmenta 4 vols*, Stuttgart: Teubner, 1964.

Webb, M. O., *Cicero's Paradoxa Stoicorum: a new translation with philosophical commentary*, Manuscript: Texas Tech University, 1985.

2. 이차 자료

Bowman, Phyllis Snyder., "The Treatment of the Stoic Paradoxes by Cicero, Horace, and Persius." Diss. University of North Carolina, 1972.

Craig, C. P., "Cato's Stoicism and the Understanding of Cicero's speech for Murena", *Transactions of th American Philological Association,* 116, 229–39.

Englert, Walter, "Bringing to the Light: Cicero's *Paradoxa Stoicorum*", *Apeiron*, 1990, 23(4); Periodicals Archive Online, 117–142.

Groebe, P., "Die Abfassungszeit des Brutus und der Paradoxa Ciceros", *Hermes*, 55. Bd., H. 1, 1920, 105–107.

Kumaniecki, Kazimierz. "Ciceros Paradoxa Stoicorum und die Romische Wirklichkeit", *Philologus*, 101, 1957, 113–134.

Mehl, D., "The stoic paradoxes according to Cicero", In J. F. Miller, C. Damon, & K. S. Myers (Eds.), *Vertis in usum*, 2002, 39 - 46.

Michel, A., "Ciceron et les Paradoxes Stoiciens", *Acta Antigua Academiae Scientiartmi Hungaricae*, 16, 1968, 223–232.

Sigsbee, David Lee. "The Ridicule of the Stoic Paradoxes in Ancient Satirical Literature", Diss., University of Michigan 1968.

Wallach, B. P., "Rhetoric and Paradox: Cicero, 'Paradoxa Stoicorum IV'", *Hermes*, 1990, 118. Bd., H. 2 (1990), 171–183.

Wisniewski, B. "Les Paradoxa Stoicorum de Ciceron et la Sophistique", *Les Etudes Classiques,* 49, 1981, 293–303.

찾아보기

용어들 우측 편에 있는 숫자는 본문의 원문에 있는 번호이며, 괄호 속에 있는 숫자는 원문의 번호 부분에 해당 용어가 나오는 횟수를 나타낸 것이다.

한국어-라틴어

라틴어-한국어

abesse 결핍되다
admirabilia 놀랄 만한 것들
aequitas 공정
aerumna 고난
aerumnosus 비참한
amentissimus 지극히 정신없는
animus 영혼
arbitrium 자유재량
argumentum 논변
avaritia 탐욕
avarus 탐욕스러운
aviditas 열망

beatus 행복한
beate vivere 행복하게 사는 것
bonus 좋은(선한)
caritas patriae 조국애
causa 동기
communis locus 공통 논변 유형
conscientia peccatorum 죄의식
constantia 항심
contentus 만족한
continentia 자제력
continentissimus 아주 자제력 있는
continere 자제하다
cruciari 고역을 겪다, 고통(고문)을 당하다
culpa 잘못
cultus 교양
cum virtute 덕스럽게(덕스러운)
cupiditas 욕구
cupidus 욕구하는(욕심 많은)

dedecus 추함
deesse 부족하다
delectatio 기쁨
deliciae 즐김
delictum 죄악
demens 정신 나간
deus 신
desiderare 탐하다
dicendum 연설
dicendi copia 유려한 연설
dives 부유한
divitiae 부

dolor 분노
doctus 식견 있는
doctissimi 아주 식견 있는 사람들

efferre 드높이다
efficere 입증하다
erudita oratio 학술적 연설
eruditissimi 아주 배움이 깊은 사람들
expetendus 추구할 만한
explere 채우다
exsilium 추방(형)
exsul 추방자

fides 신의
florens 번창하는
flos orationis 수사적 장식
fortis 용감한
fortuna 운명(운)
furor 광기

gloriari 자랑하다
gravitas 진중함
gymnasium 학원

haeresis 학파
honeste 훌륭하게, 정직하게
honestissimus 가장 명예로운
honestus 훌륭한
honeste et recte vivere 훌륭하고 올바르게 사는 것

imperator 영도자
imperium 권력, 사령부, 군사적 지휘
improbitas 불량함
improbus 불량한(선량하지 않은)
infelix 불운한
ineptiae 어리석음
iniuria 불의
insanus 미쳐 있는
insanire 미쳐 있다
iracundia 격노

laus 가치, 찬양
laudabilis 찬양받을 만한
laudanda 찬양받아 마땅한
laudare 찬양하다
liberalitas 후의
libertas 자유
libido 욕망, 욕정
locus 논변, 주제
ludens 놀이 삼아
ludibria fortunae 운명의 장난감

magnitudo animi 의연함
magnitudo consilii 뜻의 위대함
mater rerum omnium 만물의 어머니
mediocris 중간의
mens 정신

고유명사

1 괄호는 본문에 인명이 직접 언급되지는 않지만, 그와 관련된 연설이 나온다는 것을 나타낸 것이다.

2 (그)는 그리스어를 나타낸 것이다.
3 사본들에는 Paulus나 Paullus로 되어 있다.
4 사본들에는 Porsenna나 Porsinna로 되어 있다.

옮긴이의 말

철학은 어렵다고들 한다. 더욱이 스토아 철학처럼 일반적 견해에 반하는 견해들(역설들)을, 그것도 엄격한 논리적 추론을 통해 제시할 때 철학은 대중과 유리되기 십상이다. 오늘날에도 이런 점은 철학자들의 고민거리가 되곤 한다. 그런데 일찍이 키케로도 이런 문제를 깊이 인식하고, 스토아 철학의 역설들을 수사학적 연설 방식을 통해 대중도 인정할 수 있도록 만들고자 했다.

키케로는 일반적 견해에 반하는 역설들이 불합리해 보이지만 실은 참되다는 점을 철학적 논변을 통해 밝히기도 하지만, "너무 냉정하게 논의하면 꽤 따분하게 여겨질 수 있다"며 주로 수사적인 연설로 그 점을 밝힌다. 즉 그는 로마의 역사 속 영웅들의 일화와 당시 정치인들의 행태를 이야기하며 역설을 대중도 쉽게 납득할 수 있게 한다. 그리하여 그는 이 작은 작품을 철학과 수사학과 역사가 어우러진 흥미로운 연설문 형태로 완성해 냈다.

그간 국내에서는 번역되지 않았던 이 작품의 번역서를 정암학당 키케로 번역팀의 일원으로 출간하게 되어 기쁘다. 역자는 2021년 4월부터 10회에 걸쳐 진행된 키케로팀의 강독 모임에 참여하면서 초벌 번역을 했다. 이때 키케로팀을 이끄는 김진식 선생님과 성중모 선생님을 비롯해 10여 명의 참석자들과의 토론이 번역의 밑거름이 되었고, 양호영 선생님의 번역문은 많은 참고가 되었다. 또한 2022년 1월부터 6회에 걸친 윤독 모임은 번역의 완성도를 높이는 데 큰 도움이 되었다. 이 모임에 참여해주신 김선희, 김진식, 양호영, 임성진, 이호섭 선생님은 출판 과정에서도 도움을 아끼지 않아 동료애와 함께 고마움을 느끼지 않을 수 없었다. 그리고 「부록」에 두 편의 글을 싣는 데 도움을 준 김남우, 이선주 선생님께 고마움을 전하고, 편집을 맡아주신 신종우 선생님께 감사드린다. 끝으로 학당을 설립하시고 연구원들의 정신적 지주 역할을 해오신 이정호 이사장님께 감사드린다.

2022년 5월

이기백

사단법인 정암학당을 후원해 주시는 분들

정암학당의 연구와 역주서 발간 사업은 연구자들의 노력과 시민들의 귀한 뜻이 모여 이루어집니다. 학당의 모든 연구는 시민들의 자발적인 후원을 바탕으로 하기 때문입니다. 그 결실을 담은 '정암고전총서'는 연구자와 시민의 연대가 만들어 내는 고전 번역 운동의 산물이라고 할 수 있습니다. 이 같은 학술 운동의 역사적 의미를 기리고자 이 사업에 참여한 후원회원 한 분 한 분의 정성을 이 책에 기록합니다.

평생후원회원

Alexandros Kwanghae Park 강대진 강상진 강선자 강성훈 강순전 강창보
강철웅 고재희 공기석 권세혁 권영경 권장용 기종석 길명근 김경랑
김경현 김기영 김남두 김대오 김미성 김미옥 김상기 김상수 김상욱
김상현 김석언 김석준 김선희(58) 김성환 김숙자 김영균 김영순 김영일
김영찬 김운찬 김유순 김 율 김은자 김은희 김인곤 김재홍 김정락
김정란 김정례 김정명 김정신 김주일 김진성 김진식 김출곤 김 헌
김현래 김현주 김혜경 김혜자 김효미 류한형 문성민 문수영 문종철
박계형 박금순 박금옥 박명준 박병복 박복득 박상태 박선미 박세호
박승찬 박윤재 박정수 박정하 박종민 박종철 박진우 박창국 박태일
박현우 반채환 배인숙 백도형 백영경 변우희 서광복 서 명 서지민
설현석 성중모 손병석 손성석 손윤락 손효주 송경순 송대현 송성근
송순아 송유레 송정화 신성우 심재경 안성희 안 욱 안재원 안정옥
양문흠 양호영 엄윤경 여재훈 염수균 오서영 오지은 오홍식 유익재
유재민 유태권 유 혁 윤나다 윤신중 윤정혜 윤지숙 은규호 이기백
이기석 이기연 이기용 이두희 이명호 이미란 이민숙 이민정 이상구
이상원 이상익 이상인 이상희(69) 이상희(82) 이석호 이순이 이순정 이승재
이시연 이광영 이영원 이영호(48) 이영환 이옥심 이용구 이용술 이용재
이용철 이원제 이원혁 이유인 이은미 이임순 이재경 이정선(71) 이정선(75)
이정숙 이정식 이정호 이종환(71) 이종환(75) 이주형 이지수 이 진 이창우
이창연 이창원 이충원 이춘매 이태수 이태호 이필렬 이향섭 이향자
이황희 이현숙 이현임 임대윤 임보경 임성진 임연정 임창오 임환균
장경란 장동익 장미성 장영식 전국경 전병환 전헌상 전호근 정선빈
정세환 정순희 정연교 정 일 정정진 정제문 정준영(63) 정준영(64) 정태흡
정해남 정홍교 정희영 조광제 조대호 조병훈 조익순 지도영 차경숙
차기태 차미영 최 미 최세용 최수영 최병철 최영임 최영환 최운규
최원배 최윤정(77) 최은영 최인규 최지호 최 화 표경태 풍광섭 하선규
하성권 한경자 한명희 허남진 허선순 허성도 허영현 허용우 허정환
허지현 홍섬의 홍순정 홍 훈 황규빈 황유리 황예림 황희철
나와우리〈책방이음〉 도미니코 수도회 도바세 방송대문교소담터스터디
방송대영문과07 학번미아팀 법률사무소 큰숲 부북스출판사(신현부)
생각과느낌 정신건강의학과 이제이북스 카페 벨라온

개인 249, 단체 10, 총 259

후원위원

강성식 강승민 강용란 강진숙 강태형 고명선 곽삼근 곽성순 구미희
권영우 길양란 김경원 김나윤 김대권 김명희 김미란 김미선 김미향
김백현 김병연 김복희 김상봉 김성민 김성윤 김순희(1) 김승우 김양희(1)
김양희(2) 김애란 김영란 김옥경 김용배 김윤선 김장생 김정현 김지수(62)
김진숙(72) 김현제 김형준 김형희 김희대 맹국재 문영희 박미라 박수영
박우진 박현주 백선옥 사공엽 서도식 성민주 손창인 손혜민 송민호
송봉근 송상호 송연화 송찬섭 신미경 신성은 신영옥 신재순 심명은
오현주 오현주(62) 우현정 원해자 유미소 유형수 유효경 이경진 이명옥
이봉규 이봉철 이선순 이선희 이수민 이수은 이승목 이승준 이신자
이은수 이재환 이정민 이주완 이지희 이진희 이평순 이한주 임경미
임우식 장세백 전일순 정삼아 정은숙 정현석 조동제 조명화 조문숙
조민아 조백현 조범규 조성덕 조정희 조준호 조진희 조태현 주은영
천병희 최광호 최세실리아 최승렬 최승아 최이담 최정옥 최효임
한대규 허 민 홍순혁 홍은규 홍정수 황정숙 황훈성 정암학당1년후원
문교경기〈처음처럼〉 문교수원3학년학생회 문교안양학생회
문교경기8대학생회 문교경기총동문회 문교대전충남학생회
문교베스트스터디 문교부산지역7기동문회 문교부산지역학우일동(2018)
문교안양학습관 문교인천동문회 문교인천지역학생회
방송대동아리〈아노도스〉 방송대동아리〈예사모〉 방송대동아리〈프로네시스〉
사가독서회

개인 124, 단체 16, 총 140

후원회원

강경훈 강경희 강규태 강보슬 강상훈 강선옥 강성만 강성심 강신은
강유선 강은미 강은정 강임향 강주완 강창조 강 항 강희석 고경효
고복미 고숙자 고승재 고창수 고효순 곽범환 곽수미 구본호 구익희
권 강 권동명 권미영 권성철 권순복 권순자 권오성 권오영 권용석
권원만 권정화 권해명 권혁민 김경미 김경원 김경화 김광석 김광성
김광택 김광호 김귀녀 김귀종 김길화 김나경(69) 김나경(71) 김남구 김대겸
김대훈 김동근 김동찬 김두훈 김 들 김래영 김명주(1) 김명주(2) 김명하
김명화 김명희(63) 김문성 김미경(61) 김미경(63) 김미숙 김미정 김미형 김민경
김민웅 김민주 김범석 김병수 김병옥 김보라미 김봉습 김비단결 김선규
김선민 김선희(66) 김성곤 김성기 김성은(1) 김성은(2) 김세은 김세원 김세진
김수진 김수환 김순금 김순옥 김순호 김순희(2) 김시형 김신태 김신판
김승원 김아영 김양식 김영선 김영숙(1) 김영숙(2) 김영애 김영준 김옥주
김용술 김용한 김용희 김유석 김은미 김은심 김은정 김은주 김은파
김인식 김인애 김인욱 김인자 김일학 김정식 김정현 김정현(96) 김정화
김정훈 김정희 김종태 김종호 김종희 김주미 김중우 김지수(2) 김지애

김지열 김지유 김지은 김진숙(71) 김진태 김철한 김태식 김태욱 김태헌
김태희 김평화 김하윤 김한기 김현규 김현숙(61) 김현숙(72) 김현우 김현정
김현정(2) 김현철 김형규 김형전 김혜숙(53) 김혜숙(60) 김혜원 김혜정 김홍명
김홍일 김희경 김희성 김희정 김희준 나의열 나춘화 나혜연 남수빈
남영우 남원일 남지연 남진애 노마리아 노미경 노선이 노성숙 노채은
노혜경 도종관 도진경 도진해 류다현 류동춘 류미희 류시운 류연옥
류점용 류종덕 류진선 모영진 문경남 문상흠 문순혁 문영식 문정숙
문종선 문준혁 문찬혁 문행자 민 영 민용기 민중근 민해정 박경남
박경수 박경숙 박경애 박귀자 박규철 박다연 박대길 박동심 박명화
박문영 박문형 박미경 박미숙(67) 박미숙(71) 박미자 박미정 박배민 박보경
박상선 박상준 박선대 박선희 박성기 박소운 박순주 박순희 박승억
박연숙 박영찬 박영호 박옥선 박원대 박원자 박윤하 박재준 박정서
박정오 박정주 박정은 박정희 박종례 박주현 박준용 박준하 박지영(58)
박지영(73) 박지희(74) 박지희(98) 박진만 박진현 박진희 박찬수 박찬은 박춘례
박태안 박한종 박해윤 박헌민 박현숙 박현자 박현정 박현철 박형전
박혜숙 박홍기 박희열 반덕진 배기완 배수영 배영지 배제성 배효선
백기자 백선영 백수영 백승찬 백애숙 백현우 변은섭 봉성용 서강민
서경식 서동주 서두원 서민정 서범준 서승일 서영식 서옥희 서용심
서월순 서정원 서지희 서창립 서회자 서희승 석현주 설진철 성 염
성윤수 성지영 소도영 소병문 소선자 손금성 손금화 손동철 손민석
손상현 손정수 손지아 손태현 손혜정 송금숙 송기섭 송명화 송미희
송복순 송석현 송염만 송요중 송원욱 송원희 송유철 송인애 송진우
송태욱 송효정 신경원 신기동 신명우 신민주 신성호 신영미 신용균
신정애 신지영 신혜경 심경옥 심복섭 심은미 심은애 심정숙 심준보
심희정 안건형 안경화 안미희 안숙현 안영숙 안정숙 안정순 안진구
안진숙 안화숙 안혜정 안희경 안희돈 양경엽 양미선 양병만 양선경
양세규 양예진 양지연 엄순영 오명순 오승연 오신명 오영수 오영순
오유석 오은영 오진세 오창진 오혁진 옥명희 온정민 왕현주 우남권
우 람 우병권 우은주 우지호 원만희 유두신 유미애 유성경 유정원
유 철 유향숙 유희선 윤경숙 윤경자 윤선애 윤수홍 윤여훈 윤영미
윤영선 윤영이 윤 옥 윤은경 윤재은 윤정만 윤혜영 윤혜진 이건호
이경남(1) 이경남(72) 이경미 이경선 이경아 이경옥 이경원 이경자 이경희
이관호 이광로 이광석 이군무 이궁훈 이권주 이나영 이다영 이덕제
이동래 이동조 이동춘 이명란 이명순 이미옥 이병태 이복희 이상규
이상래 이상봉 이상선 이상훈 이선민 이선이 이성은 이성준 이성호
이성훈 이성희 이세준 이소영 이소정 이수경 이수련 이숙희 이순옥
이승용 이승훈 이시현 이아람 이양미 이연희 이영숙 이영신 이영실
이영애 이영애(2) 이영철 이영호(43) 이옥경 이용숙 이용웅 이용찬 이용태
이원용 이윤주 이윤철 이은규 이은심 이은정 이은주 이이숙 이인순

이재현 이정빈 이정석 이정선(68) 이정애 이정임 이종남 이종민 이종복
이중근 이지석 이지현 이진아 이진우 이창용 이철주 이춘성 이태곤
이평식 이표순 이한솔 이현주(1) 이현주(2) 이현호 이혜영 이혜원 이호석
이호섭 이화선 이희숙 이희정 임석희 임솔내 임정환 임창근 임현찬
장모범 장시은 장영애 장영재 장오현 장재희 장지나 장지원(65) 장지원(78)
장지은 장철형 장태순 장해숙 장홍순 전경민 전다록 전미래 전병덕
전석빈 전영석 전우성 전우진 전종호 전진호 정경회 정계란 정금숙
정금연 정금이 정금자 정난진 정미경 정미숙 정미자 정상묵 정상준
정선빈 정세영 정아연 정양민 정양욱 정 연 정연화 정영목 정옥진
정용백 정우정 정유미 정은정 정일순 정재웅 정정녀 정지숙 정진화
정창화 정하갑 정은교 정해경 정현주 정현진 정호영 정환수 조권수
조길자 조덕근 조미선 조미숙 조병진 조성일 조성혁 조수연 조슬기
조영래 조영수 조영신 조영연 조영호 조예빈 조용수 조용준 조윤정
조은진 조정란 조정미 조정옥 조증윤 조창호 조황호 주봉희 주연옥
주은빈 지정훈 진동성 차문송 차상민 차혜진 채수환 채장열 천동환
천명옥 최경식 최명자 최미경 최보근 최석묵 최선회 최성준 최수현
최숙현 최영란 최영순 최영식 최영아 최원옥 최유숙 최유진 최윤정(66)
최은경 최일우 최자련 최재식 최재원 최재혁 최정욱 최정호 최정환
최종희 최준원 최지연 최혁규 최현숙 최혜정 하승연 하혜용 한미영
한생곤 한선미 한연숙 한옥희 한윤주 한호경 함귀선 허미정 허성준
허 양 허 웅 허인자 허정우 홍경란 홍기표 홍병식 홍성경 홍성규
홍성은 홍영환 홍은영 홍의중 홍지흔 황경민 황광현 황미영 황미옥
황선영 황신해 황은주 황재규 황정희 황주영 황현숙 황혜성 황희수
kai1100 익명
리테라 주식회사 문교강원동문회 문교강원학생회
문교경기〈문사모〉 문교경기동문〈문사모〉 문교서울총동문회
문교원주학생회 문교잠실송파스터디 문교인천졸업생
문교전국총동문회 문교졸업생 문교8대전국총학생회
문교11대서울학생회 문교K2스터디 서울대학교 철학과 학생회
(주)아트앤스터디 영일통운(주) 장승포중앙서점(김강후)
책바람

개인 695, 단체 19, 총 714

2022년 4월 30일 현재, 1,068분과 45개의 단체(총 1,113)가 정암학당을 후원해 주고 계십니다.

옮긴이

이기백

성균관대학교 철학과를 졸업하고 같은 대학교에서 『필레보스』를 중심으로 플라톤의 윤리학과 우주론 및 방법론을 연구하여 박사학위를 받았다. 현재 정암학당 이사이며 성균관대학교 초빙교수로 재직 중이다. 저서로는 『플라톤의 그리스 문화 읽기』(공저), 『고전의 고전』(공저), 『서양고대철학 1』(공저), 『아주 오래된 질문들: 고전철학의 새로운 발견』(공저) 등이 있고, 역서로는 『소크라테스 이전 철학자들의 단편 선집』(공역), 『히포크라테스 선집』(공역), 플라톤의 『크리톤』, 『필레보스』, 『크라틸로스』(공역), 『법률 1, 2』(공역) 등이 있다.

정암고전총서는 정암학당과 아카넷이 공동으로 펼치는 고전 번역 사업입니다.
고전의 지혜를 공유하여 현재를 비판하고 미래를 내다보는 안목을 키우는
문화적 기반을 마련하고자 합니다.

정암고전총서 키케로 전집

스토아 철학의 역설

1판 1쇄 찍음 2022년 5월 27일
1판 1쇄 펴냄 2022년 6월 15일

지은이 키케로
옮긴이 이기백
펴낸이 김정호

책임편집 신종우
디자인 이대응

펴낸곳 아카넷
출판등록 2000년 1월 24일(제406-2000-000012호)
주소 10881 경기도 파주시 회동길 445-3 2층
전화 031-955-9510(편집) · 031-955-9514(주문)
팩시밀리 031-955-9519
www.acanet.co.kr

Printed in Paju, Korea.

ISBN 978-89-5733-797-4 94160
ISBN 978-89-5733-746-2 (세트)

이 저서는 2019년 대한민국 교육부와 한국연구재단의 지원을 받아 수행된 연구임
(NRF-2019S1A5C2A02082718)